高效养育

特级教师精选的45个家教秘诀（初中篇）

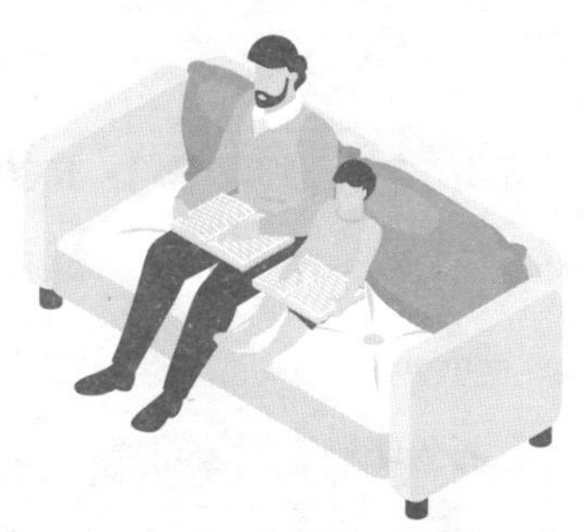

金新 —— 著

知識出版社
Knowledge Publishing House

图书在版编目（CIP）数据

高效养育. 特级教师精选的45个家教秘诀：初中篇 / 金新著. -- 北京：知识出版社，2022. 11
ISBN 978-7-5215-0579-5

Ⅰ. ①高… Ⅱ. ①金… Ⅲ. ①家庭教育—儿童教育 Ⅳ. ①G78

中国版本图书馆CIP数据核字（2022）第180639号

高效养育. 特级教师精选的45个家教秘诀：初中篇　金新 著

出 版 人　刘祚臣
责任编辑　吴　泱
封面设计　末末美书
出版发行　知识出版社
地　　址　北京阜成门北大街17号　邮政编码：100037
电　　话　010-88390786
网　　址　http://www.ecph.com.cn
印　　刷　三河市嘉科万达彩色印刷有限公司
开　　本　880毫米 ×1230毫米　1/32
印　　张　11.75
字　　数　205千字
版　　次　2022年11月第1版
印　　次　2022年11月第1次印刷
书　　号　ISBN 978-7-5215-0579-5
定　　价　49.80元

序言

XUYAN

1 / 4

孩子的成长始终牵动着每一位家长的心，它不仅关系着家庭幸福，更关系着国民素质。父母是孩子的第一任老师，对孩子的启蒙发挥着关键的影响作用。虽然孩子一出生我们就立即升级为爸爸妈妈了，但其实我们还远非合格的父母，这就需要我们不断学习如何做好家长，如何与孩子共同成长。

孩子的成长是漫长的持续渐进的过程，需要家长遵循成长与教育的规律，持之以恒、潜移默化地对孩子加以呵护、影响、唤醒。孩子不像产品可以被任意加工，也不像植物可以被任意修剪，他们是有自我意识的能动的主体。随着孩子年龄的增长，孩子的主体意识就越强，改变就越困难。

幼儿期好比处于土壤开垦、整理和播撒种子的阶段，家长绝对不能有丝毫的功利心理，要以愉快地玩耍与交流作为载体，来发展孩子的身体、语言、心智和情感。任何强逼的、痛苦的知识学习、训练都是对幼儿身心极大的伤害，且都有可能留下终身的印记。

小学阶段是孩子基本观念、品行、习惯和兴趣形成的关键期，家长要特别注重苗头性问题、不良行为习惯、错误思想观念的纠正，这比文化知识学习要紧得多。随着年龄的增长，孩子的自主意识不断增强，说教开始失效，强制引来逆反，这时尊重就变得越发重要，只有富有情感的、艺术的、智慧的方法才能有效。所以，家长需要汇聚人格、情感、学术、榜样、集体等合力才能影响、推动中学生的健康发展。

初中阶段是家庭教育比较艰难的时期，也是孩子成长阶段最为重要的时期之一。初中阶段的孩子处于青春期，孩子的自我意识、独立意识会出现质的变化，不再愿意像“小孩子”一样服从，他们渴望独立，希望得到家长的尊重，获得平等的家庭地位……面对孩子青春期生理、心理变化的突然性、多样性、特殊性，家长需要细心、耐心地应对，掌握正确的教育方式。初中阶段是孩子三观的形成期，也是个人品行、习惯的定型期，这段孩子逐步走向成熟、完善，逐步走向独立的过程，离不开家长的引导和帮助。

可见，家庭教育既是一门科学，也是一门艺术，家长对家庭教育的学习研究越早越好。但实际情况是，很多家长对家庭教育存在严重误区，对子女教育十分困惑。面对与自己小时候截然不同的孩子，爸爸妈妈、爷爷奶奶、外公外婆都不知如何与孩子相处、怎样对孩子施教，而十分渴望得到现代家庭教育的理念和方法的指导。有鉴于此，“高效养育”系列图书诞生了。

本系列图书的编撰宗旨是：为每位孩子的终身发展，也为每个家庭的幸福生活奠基。本系列图书致力于学校教育和家庭教育的沟通和融合，共三册——幼儿篇、小学篇、初中篇。每一册所阐述的家庭教育理念和原则是一致的，但在侧重点和教育方法上又体现出不同年龄特点的要求。每册按照家庭教育的内容分篇，下设若干话题，每个话题皆以一个关键词为主题，以活生生的案例引出案例分析，提出应对方略，必要时有知识延伸。编写之前，作者曾在家长群体中开展家庭教育情况调查和案例征集，使该系列图书的内容更贴近家长的需求。

历时近一年的策划、编撰过程，倾注了胡治华、段海强、周元、钮伟国、史苏兰、乔炜、周宏燕诸位老师的心血，图书的科学性和针对性有效提高。在此一并致以深深的敬意和感谢！

希望广大家长能从这套书中受到启迪，成为合格家长、优秀家长。

目录

MULU

时空转换篇

健全人格篇

科学学习篇

青春情怀篇

亲子如友篇

信息时代篇

— 时空转换篇 —

关键词 入学适应

孩子准备好了吗

·案例·

“这孩子是怎么了呀？”这是小潘妈妈最近常说的话。自从进入初中以后，小潘就像变了一个人似的，学校里的什么活动他都不参加，一回到家，就立刻躲进自己的房间里，紧闭房门。以前他最爱的篮球躺在角落里，落上了灰尘。父母看到儿子这样，很是着急，想找他谈谈，却一次次被拒绝。

小潘在小学里成绩好、能力强，是个公认的优秀学生，深得老师和同学的喜爱；在父母眼里，他更是一个乖巧懂事、不用父母操心的好孩子。上了中学后，怎么会变成这样呢？父母想不通。眼看两个月过去了，儿子的成绩直线下滑，父母真是心急如焚。

小潘的生日到了，父母特意为小潘安排了一个小型的生日聚会，让他请一些好朋友到家里来做客。这一天，小潘又活跃起来了，和小伙伴们有说有笑，非常开心。细心的妈妈发现，儿子请的客人都是小学同学，聊的话题也都是回忆小学时的点点滴滴。看着儿子久违的笑容，父母颇感欣慰，想着能借此机会好好和儿子聊一聊。

等小客人都走了，妈妈把小潘拉在身边坐下，关切地问："儿子，你有什么心事吗？"这是最近她时常问而又一直没有得到回复的问题。小潘头也不抬，始终一言不发。妈妈实在是憋不住了，朝着儿子吼起来："你到底怎么回事啊？你看看你，变成什么样子了！"小潘瞪了一眼妈妈，又躲进自己的房间里去了，留下了失望而又不知所措的父母。

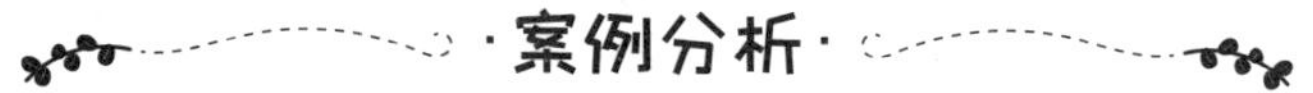

·案例分析·

从小学升入初中，是孩子成长道路上的一个重要关口。这个年龄的孩子，无论是生理上还是心理上都还很不成熟，面对新学校、新老师、新同学，他们充满兴奋、好奇，想要尽快融入全新的集体。然而面对新环境与新的学习要求，他们也会不同程度地出现陌生、拘谨、惊慌失措等不适应的现象。这种不适应是正常的，但如果不及时处理或处理不当，将会对孩子的初中生活产生消极影响。

本案例中的小潘进入初中以后，就未能适应好新环境。

他在小学与同学相处如鱼得水，在初中班上却还未交到好朋友。他抛弃了原有的爱好，不再爱打篮球；从开朗活跃变得沉默忧郁；闭锁心灵，对父母不理不睬。造成这种状况的主要原因，应该是小潘进入初中后产生的“心理落差”，在小学时作为优秀生的优越感和进入初中后比不上同学的自卑感强烈撞击，导致他的情绪、行为脱离常轨。此时他需要老师与家长的安抚和引导，引导他正确认识自己，把眼光从逝去的小学时代转移到当前的中学时光，把心理活动从回顾往昔的荣耀迁移到思考如何跨越障碍、续写辉煌。

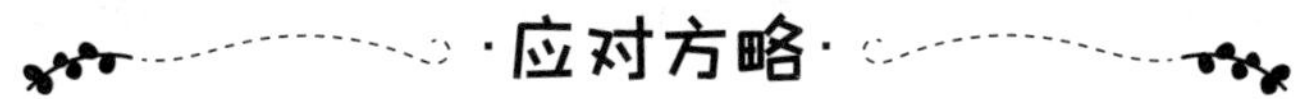

·应对方略·

家长要从哪些方面帮助刚升上初一的孩子适应新环境呢?

一、帮助孩子做好思想准备，迎接新环境

父母要让孩子知道，从小学到初中是学生生理、心理、学习上的一次重大转折，小升初的衔接，不仅仅是学习上的衔接，更重要的是在思想上做好准备。

家长要帮助孩子提前了解中学的特点，进行角色转换。和小学课程相比，中学课程难度加大，内容增多；老师的教

法也从小学的反复强调、机械记忆，转变为注重学习能力的培养，更多地需要孩子发挥主观能动性，养成自主学习的能力。进入一个新的集体，人际关系也会发生微妙的改变，孩子需要学会以宽容友爱之心对待身边的新伙伴，多参与新集体中的各项活动，在活动中发挥自己的特长，获得老师和同学的认同，增强自己对新环境的喜爱和信任。

二、帮助孩子调整心态，融入新集体

从小学进入中学，学生在班集体中的地位可能会发生变化。一些学生进入初中以后之所以不能适应，是因为他总是把现在和小学时进行比较，小学时期比较优秀的学生心理落差会更大。他们在表扬声中成长，一帆风顺，缺乏耐挫力，进入初中以后，接触到比自己更优秀的同学，发现“山外有山”，以前的优势不再拥有——未被选为班干队干，没有了为班级服务、出头露角的机会；第一次测验成绩平平，没有了高分的光彩；自己的才艺不再出类拔萃，高手大有人在，没有了老师和同学赞许的眼光。由于感到自己在班级中的地位下降了，他们认为自己“掉价”了、受冷落了、被遗忘了，于是慢慢由失意失落、愤懑不平转为自怨自艾、抑郁闭锁，从极度自尊跳到另一个极端——极度自卑，觉得别人看不起自己，不敢或不愿与人交往交流。

出现这样的变化，家长首先要学会调整自己的心态。以前一直以孩子为荣，为自己教子有方而自豪，在小学家长群中备受羡慕；如今自己的孩子在班上并不出色，甚至被认“有问题”，有些家长也接受不了、难以适应，甚至会埋怨新老师“不识货”，小看了自己的孩子。家长这种不良情绪如果传递给孩子，会加剧他们的消极情绪和消极行为。

家长要冷静对待孩子的变化，告诉孩子小学时所取得的一切成绩都已成为过往，进入初中，就翻开了崭新的一页白纸，要用迅速适应、自觉努力来书写新的篇章。要鼓励孩子在小学取得的成绩的基础上，不骄不躁、不卑不亢，振作精神、继续前进，相信自己、超越自己，主动交往、融入集体，创造新的辉煌。

三、联手老师，优化新环境

孩子进入一个全新的环境，周围的一切都变得陌生，会处于一种紧张、迷惘的状态，此时他们最需要的就是得到父母和老师的理解和体谅。

父母要有意识地关注孩子的一举一动，一旦发现孩子有明显的不适应的表现，一方面应耐心和孩子聊天沟通，了解他在校的生活；另一方面可以和班主任老师联系，了解孩子在学校中的表现，共同探讨问题存在的根源，家校合力，为孩子优化心理环境，帮助孩子顺利度过适应期。最不可取的是，父母发现孩子出现反常现象，就狠狠批评孩子、埋怨老师。这样的做法，会引起孩子的反感甚至叛逆，也会失去教师的支持和指点。教师是经过专业训练的教育工作者，他们会运用教育心理学，根据不同年龄阶段孩子的特点对孩子进行教育，为家长提供建议。家庭教育和学校教育互相配合，彼此支撑，教育才可能获得成功。

关键词 时间利用

晚间休闲与“滑铁卢”

·案例·

小雨进入初中学习快一个月了，虽然也感觉到了课程的进度、难度和小学不同，但依然如故地沿袭了晚间休闲的习惯。

一天晚餐过后，小雨照例悠闲地练了会儿萨克斯，然后就拿起一本《哈利·波特与凤凰社》和两包零食，半躺半坐在沙发里看了起来。小雨爸爸实在忍不住，问她：“你的作业都做完啦？”小雨头也不抬，拖声拖腔地回答：“好啦——全部搞定啦！”“老师讲的知识你都掌握啦？没有需要巩固的地方？可不可以做一些预习呢？”小雨爸说话的音调开始上升。只见小雨身体往后一靠，头一仰，长叹一口气。“我说的哪儿不对啊？”小雨爸又追问了一句。这时小雨猛地坐直了身体，把手中的书一合，空零食袋往地上一扔，气鼓鼓地走进书房。

时光不知不觉地流逝，转眼来到期中考试。考完那天，小雨回家，失去了往常的悠然自得，情绪略显沮丧。爸爸心知肚明，心想机会来了，故意问道："怎么啦？情绪不高涨嘛！"小雨如实答道："考试'滑铁卢'啦！"小雨爸爸返身进入书房，将小雨妈妈暑假开学前写给她的一封信拿出来，让她重温朗读。

"亲爱的女儿：你要上初中了！爸爸妈妈和你一样开心。从今以后，你不再是小学生而是中学生啦。'中'和'小'，一字之差，大不相同。初中功课多、难度大、要求高，光靠在校自习课和放学后到晚饭前的时间是做不完作业的，更来不及复习和预习。你要改改以往松散的时间安排，晚饭后不能只休闲不学习了，必须抓紧时间，提高学习效率。与小学时相比，初中累是累些，忙是忙些，但忙和累是会有回报的，一分耕耘一分收获嘛！天天优哉游哉还想要学习成绩优秀是不可能的，天上哪会掉馅饼？升上中学，标志着你又成长了，希望你随着年龄增长而日益进步，'成长'意味着学会自我管控，科学分配自己的时间，掌握自己的命运。"

读到这里，小雨抬起头来，略带惊讶地说："我忘了妈妈早就预言过，真英明！"又调侃道，"嗯，我第一次读这封信时没能深刻领会伟大妈妈的指示精神。"接着略带惭愧地说，"看来我还没有学会自我管控，没有科学分配时间。"

爸爸妈妈接过话头，因势利导，和女儿商量如何抓紧时间，看看一天中有哪些时间可以利用来学习，并不约而同地把目光集中于晚餐后到睡觉前那段两小时左右的休闲时光上。在父母的启发下，小雨决定：饭后稍微休息一下，用两节课的时间学习，半小时轻松一下，准备第二天的用品，洗漱，晚上 9 点钟准时上床睡觉。

·案例分析·

自跨进初中大门的第一天起，孩子就面对一个全新的学习、生活环境，一开始感到新鲜好奇，同时也可能产生各种不适症状。随着初中生活的逐渐展开，课程和校园活动的推进，学生们有的依然滞留在小学的学习方法和生活习惯上，有的不知所措、手忙脚乱，最终都导致学业表现急剧下降。

案例中的小雨进入初中后，没有改变课余时间安排和学习状态。当父亲有意识地询问并指导她合理安排餐后时间时，小雨表现出对抗情绪。好在，小雨的父亲并没有采取强迫措施，而是耐心地等待教育契机的出现。当小雨在第一次期中考试中出现自己都无法相信的“意外”时，父亲及时给予指导，让她重温母亲曾经的劝告，这使小雨认识到了中学与小学学习的差异以及增加自学时间的必要性。亲子协商，达成一致：

把晚餐后的休闲时光改为课业学习时间，逐渐踏准初中生活的节奏。

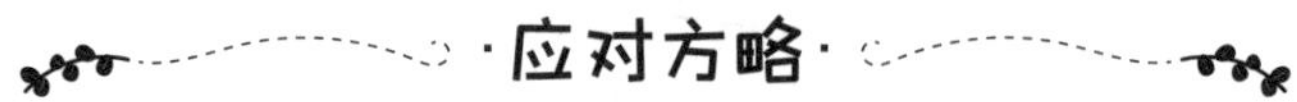

·应对方略·

一、和孩子一起跨过初中门槛

孩子上初中了，家长少不了要帮助孩子“登高爬坡”“登堂入室”，既不能觉得孩子已经被录取了，就可以万事大吉；也不能误认为孩子长大了，就可以放手不管了。父母首先要通过多种途径，了解初中和小学在教学、管理、师生关系以及校园生活方面的不同特点和要求，然后根据自己孩子的个性特点进行指点,帮助他顺利渡过“初小过渡”这一关键时期。

二、和孩子一起体验青春期

初中孩子觉得自己已经成熟了、懂事了，想自己支配自己的时间，自己处理自己的事情；热切要求成年人不要再把自己当成小孩对待，强烈希望摆脱家长的指教管束，“我知道！”“不要你管！”是他们最常挂在嘴边的话。小时候很听话的孩子忽然变得十分逆反，从“崇拜成人权威”跳到“反抗成人权威”，以至于父母觉得孩子好像变了一个人，很难与之沟通。其实，十二三岁的孩子还远未成熟，亟待家长指导，却又常拒绝家长的帮助，需要成人指导与反对成人权威的矛盾，使得家中经常发生亲子冲突。

家长要学一点教育心理学知识，了解青春期孩子的生理和心理特点；要做有心人，经常关注孩子的言行情绪；要放下架子，主动接近孩子，多跟孩子沟通；要理解和尊重孩子的想法，给孩子发言的权利，不强迫孩子接受自己的意见或建议。家长要善于寻找教育契机，耐心地引导孩子，陪伴孩子慢慢成长。初中阶段的孩子虽有自主意识，但自律能力尚未形成，面对诱惑，往往不能自控。因此，初中生的家长虽不必像孩子念小学时那样“搀”着他走，却需要像“放风筝”一样，让他自由地飞向更高的天空，但手中要紧握那根“风筝线”。

三、和孩子一起调整作息时间

比起小学，步入初中后，孩子在校的时间更长，家长要重视培养孩子适应初中生活的作息习惯。

（1）养成早睡早起的习惯，确保睡眠时间达到 8 ~ 9 小时。

（2）养成吃过早餐再上学的习惯，确保不空腹上课。

（3）养成中午休息 15 ~ 20 分钟的习惯，确保下午能有充沛的精力投入学习。

（4）养成在校利用自修课尽可能完成作业的习惯，以免将过多的作业带回家，导致睡眠不充分。

（5）养成放学归来与父母沟通的习惯。家长应了解孩子在校的学习、生活情况，当孩子遇到困惑或困难时，及时给予指导和帮助。

（6）养成晚餐后继续学习的习惯。家长除督促孩子完成家庭作业外，还应引导孩子做好预习和复习。

关键词 磨蹭拖沓

悠闲的蜗牛

·案例·

小成是一只“蜗牛”，一只极其普通、不具备超能力的小“蜗牛”：回家做作业得让人不停地催促，吃饭需要喊无数遍，洗澡时半天都不进浴室，上床睡觉就像猪回圈舍一般困难……

但是他的父母都不是慢性子，他们每天必做的事就是对小成催、催、催。从小成蹒跚学步开始，到他上幼儿园、上小学，父母都在焦虑、紧张、催促中度过。看到孩子像蜗牛一样慢慢地前行，他们动了无数脑筋，想了无数办法，恨不得抱着他、背着他，替他往前走。

本以为上了初中，孩子会有所变化。但小成依然我行我素，丝毫没有改变。父母和孩子如同水火般难以相融，每天都在争夺主动权。不是孩子被迫屈从家长，就是家长无奈向

孩子臣服。父母的做法并没有带来他们期待的结果，事实恰恰相反，小成拖沓的习惯没有改变，学习成绩还越来越糟糕。

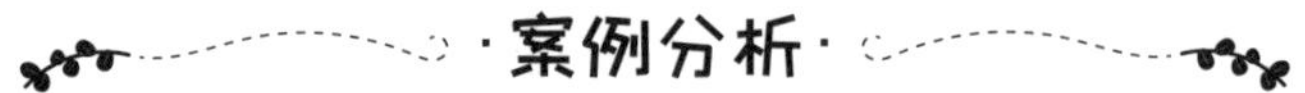

案例分析

动作慢，本来算不上错误，但是会影响学习和生活效率，有时还会误事；在集体中，孩子事事都落在别人的后面，也会承受很大的心理压力。因此，在尊重孩子、宽容孩子的前提下，家长有必要对孩子的慢性子进行调教。

调教之前，先要分析其“慢性子”的形成原因。

（1）先天因素。人的气质特征有很大的先天成分，有些孩子天生就是慢性子，做什么都慢。如果父母也是慢性子，那就是遗传，较难改变。

（2）兴趣导向。有些孩子并非事事都做得慢，对自己感兴趣的事情、有较大诱惑的事情做起来动作就很快，但是做自己不感兴趣的事、被迫做的事情时，动作就稍微慢一些。

（3）溺爱包办。在孩子幼小的时候，家长溺爱，为他包办各种事情，或从未提出过速度、效率的要求，导致孩子不会做事，不知道怎样才能把事情做得又快又好。或者很多事情孩子做了一半，家长觉得太慢，感到不耐烦，就抢过来帮着做完。于是孩子觉得，我做得慢点也没有关系，反正会有人帮我收尾，进而不肯踏实做事，懒得动手、不愿走动。父母让他做什么，他都不高兴，能拖就拖，能赖就赖；父母等不及，不再坚持，于是孩子获胜。一来二去，养成习惯，形成慵懒作风，家长再让他做什么根本使唤不动。

（4）心理压力。孩子面临的任务有时超过了他的能力，孩子不知道该怎么做，大人就认为孩子磨蹭。父母要求很高，对孩子做的事多有不满，经常责备，以致孩子做事提心吊胆、不知所措，动作自然放缓。久而久之他失去自信心，觉得少做少错少挨骂，对父母布置的任务，便迟迟不肯行动。

案例中的小成到了初中阶段，行动还是一如既往的慢，这是因为他的习惯和节奏在过去十几年中早已养成并固化了。父母应该反思，孩子的不良习惯是否源于自己的忽视或教育方式不当。当孩子年龄小的时候，他意识不到磨蹭的习惯会对自己的学习、成长带来什么样的不良后果，所以对父母的催促教育无动于衷。小成父母爱子心切，过于焦虑，操之过急，想通过自己的干预改变孩子的不良习惯，却没有考虑孩子的感受，结果导致孩子产生逆反心理，故意拖拉，而父母则身心俱疲，失去信心。更为严重的是，在亲子拉锯战中，亲情受到损伤，家庭生活氛围受到影响。

孩子既然已经形成了慢节奏，父母就要拿出极大的耐心，发挥更大的教育智慧，采取更有效的方式，来帮助孩子改变蜗牛式的行为习惯。这是需要时间的，急不得。如果父母始终处于焦虑不安的心理状态，采用高压催逼的方法，亲子之间很容易产生矛盾和冲突，使家庭氛围恶化，反而不利于孩子成长。

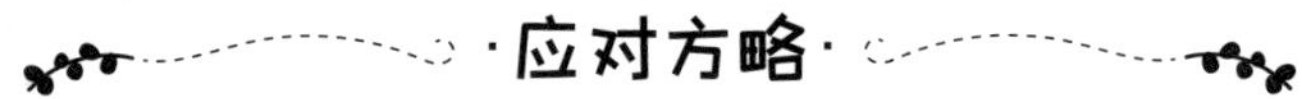

应对方略

一、不急不躁，耐心对待孩子

习惯的力量是巨大的，孩子“一切从慢”的习惯自小形成，不是一两次批评和矫正就能改变的。如果是气质或遗传使然，就更难以彻底改变其本性。父母要坦然面对并接受这一现实，不要过度焦虑，可以换个角度想问题：慢性子有慢性子的好，小时候不大会鲁莽冲动闯祸出事，将来适合从事财务、棋艺、手工艺之类的工作，不至于匆忙出错。对孩子的培养目标就不要瞄准要求敏捷果断的行业或专业，例如飞行员、田径运动员等。

总是表现拖沓、经常受责备的孩子，其实内心是非常困惑无助的，情绪上也总是处于低潮中。不绝于耳的“你怎么这么慢呀”变成一个标签，牢牢贴在孩子心上，变成“自动实现的预言”，被孩子接受并认同，觉得“我就是慢”，于是理所当然地继续慢下去。家长和教师的过分介意、不断埋怨反而起了负强化的作用。父母和老师的多次批评不仅没有生效，还会引起孩子的不满、故意对抗，甚至是报复。

父母在接受孩子个性的基础上，要改变追求完美的教育目标和想法、做法，不必刻意去改变孩子的本性，毕竟慢性子不是思想品德的重大错误。面对孩子的拖沓行为，家长不妨表现得淡然一些，不必太介意，避免出现孩子慢、家长急的情况。这样虽不能马上改变孩子的拖沓习惯，但至少能避免产生矛盾冲突，也能减少孩子对父母的抵触和对抗情绪，有利于后续策略的实施。

父母可以暗中观察，可能会发现孩子有时候做某些事情并不慢，那就根据孩子的性格采取措施：或者不动声色，心中有数就行；或者立即给予肯定、夸奖，“你这件事做得蛮快呀，好棒！”“你这次动作很迅速呀！”“你这速度，参加集体活动跟上节奏没问题！”但是不能语带讥讽或变相批评，例如“哟，今天树懒变猴子啦！能这么快，平时为啥那么慢？故意的？诚心气我啊？”

二、以身作则，为孩子做榜样

孩子拖沓习惯的形成，往往是婴幼儿时期受到家中长辈的影响。国外研究成果表明：人的习惯从出生就开始慢慢形成，最基本的生活习惯在 2 ~ 3 周岁时已初具雏形，3 ~ 6

岁是进行习惯训练的最佳时期，6 ~ 12 岁时各种习惯已基本形成。如果忽视了早期养成教育，长大后要纠正就比较困难。

孩子在入幼儿园之前，大多由奶奶、外婆照看，老人动作慢，又没什么要紧事，做事慢悠悠不着急。她们的育儿观念是孩子吃饱喝足穿暖就好，大多不会重视幼儿的动作训练，而且往往什么都不让宝贝做自己包揽。这三年就足以让婴儿的生活习惯、动作模式定型。孩子上幼儿园后，晨起后的各种事宜大多由家长代劳，规定的到园时间又比较晚，即使迟到了也没有关系，所以家长对孩子速度上的要求并不高。这三年又让孩子的慢动作得以巩固。等到上小学以后，父母接手管教孩子，如果夫妻俩做事都慢条斯理的，那还能怪孩子动作慢吗？由于家长的示范效应，孩子的拖沓行为由偶尔变为常态。而一旦成为常态，家长的心态就开始失衡，就利用家长的权威给孩子施加压力，结果造成了亲子矛盾。

想改变孩子拖沓的不良习惯，家长首先要做出改变。家长不能仅是在口头上对孩子提出要求，而是要以身作则，改变自身可能存在的拖沓的不良习惯，用积极主动的态度对孩子进行正面引导。比如，有意识地让孩子知道自己做事是有规划的；做家务有条理、手脚麻利；让孩子感觉到父母有责任感，做事主动、勤快、效率高。这样的言传身教，肯定比大声责骂或者命令式的要求效果好。

三、奖惩结合，训练专心做事

孩子拖沓的不良习惯，常与孩子分心有关。培养专心致志的习惯，必须从日常生活中的点滴小事做起。以做作业为例，可以要求孩子在一定时间内完成，并且在完成作业的过程中，不能玩手机、吃东西或做其他与做作业无关的事情。如果孩子能够按时或提前完成，就给予鼓励，用孩子喜欢的东西、感兴趣的事物作为奖赏，激发他的自信心；如果不能完成，就要进行轻微的惩罚。惩罚措施可以和孩子协商后制定，切不可家长自己说了算，否则，孩子不愿意接受家长的惩罚。这样做的目的，是让孩子树立正确的时间观念，养成专心做事的良好习惯。

关键词 合理作息

开启美好一天

·案例·

在顺利地度过了幼儿园和小学的幸福时光后，小咪又顺利地进入自己心仪的初中。可升入初中后，作息时间变了，课业也变多了，晚上休息时间延后，而早上起床时间却提早了许多，小咪不能适应。秋去冬来，天气逐渐转冷，她经常赖着不肯起床。

这天早晨，已快6：20了。看着孩子酣睡的脸蛋，妈妈真不忍心叫醒她。但是时间不等人，妈妈只能痛下决心，大声叫女儿起床，可小咪还没睡醒，嘴里嘟囔着“再让我睡会儿”，翻个身继续睡。在妈妈一遍一遍的催促下，小咪才心不甘情不愿地从床上慢慢爬起来，但走到客厅沙发跟前时，小咪又躺了下去。

连番筋疲力尽地催促之后，眼看两人都要迟到了，妈妈没有耐心了，冲小咪发起火来，嚷嚷道："你还不快点！"并使劲摇晃孩子的身体。小咪这才睁开沉重的眼皮醒了过来，但嘴里哼哼唧唧，又吵又闹，弄得母女俩一大早就不开心。

妈妈左哄右骂地，眼看时间已经过了6：40。小咪马马虎虎洗漱完了，胡乱扒了几口早饭，匆匆忙忙到校，结果还是迟到了，挨了老师的批评，整整一天情绪都很低落。

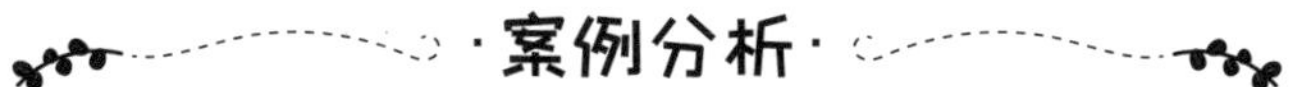

案例分析

案例中的妈妈是爱女儿的，她体恤孩子进入初中以后睡眠时间减少，很想让小咪早上多睡会儿。可孩子还是睡不够叫不醒，赖着不肯起床。无奈时间不等人，眼看就要迟到，只能在叫骂声中，让孩子开始新的一天。

可就在妈妈这样急促的一遍遍的叫骂声中、连喊带拽粗暴的"杀伤性叫醒"下，孩子受到了很大的伤害。因为，骤然从睡梦中惊醒，大脑会受到突如其来的强烈刺激，但大脑皮层的逐渐苏醒需要一个过程，其他系统更不可能立即活跃起来。马上被催逼着做这做那，可能会给孩子造成生理和心理障碍，比如早饭没有食欲，上学路上情绪低落，上课时注意力不集中，等等。总是用这种急促粗暴的方式叫孩子起床，经常让孩子带着负面情绪去上学，孩子怎么能够做到高效有序地学习呢？长此以往，孩子的情绪控制能力受损，容易导致冲动易怒、心境不良、反应迟缓、注意力涣散等一系列神经或心理问题。

“一日之计在于晨”，家长要想出缓和、温柔、有效的方式唤醒孩子，从起床、洗漱、早餐到上学途中，都让孩子心情愉悦、精神焕发，快乐地迎接生命中全新的一天。这有利于孩子形成积极的学习态度、良好的心境和健康的人格。

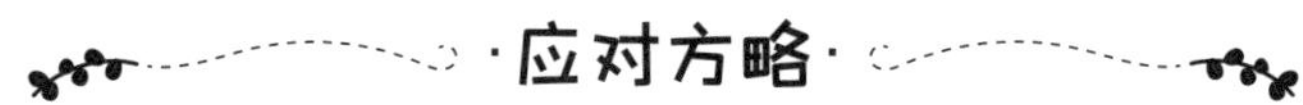

·应对方略·

一、制订并督促执行作息时间表

1. 制订作息时间表

入学之前，父母就要把初中的学习特点和作息时间告诉孩子，让他知道初中和小学相比，到校时间早了，放学时间晚了，回家作业变多了，就寝时间也要推迟一些。所以要重新制订每日作息安排，帮助他适应新的作息制度，抓紧时间，加快速度，提高效率。

开学后，根据初中的作息时间表，父母和孩子一起安排家庭的作息时间，详细列出从早到晚什么时候做什么事情，商定完成每个任务需要的时间，如早晨几点起床，穿衣、洗脸、刷牙的用时，几点几分出门等，以确保孩子在学校规定时间前到校进班。

家长要严肃声明：制度订好了，就要严格执行，没有特殊情况，不可以改动，以强化孩子的规则意识。

2. 督促执行时间表

把作息表贴在孩子书桌前的墙上或压在玻璃板下，让他自觉遵守执行。卧室和厅里都要有挂钟，父母和孩子随时“看钟行事”。

家长和孩子一起讨论奖惩措施，一定时段内（如一周）遵守制度就表扬、奖励，违反制度则要批评、惩罚。有了监督机制，孩子就会慢慢适应并自觉执行作息时间表。

二、保证充足的睡眠

孩子之所以赖床，主要原因是睡眠不足。和成人相比，孩子需要更多的睡眠时间，十二三岁的少年要睡 9 小时才有饱足感。如果孩子晚上睡觉很晚，第二天自然就会因为睡眠时间不足而不愿意起床。因此，家长不能允许孩子晚上因看电视、玩电脑或手机游戏等过度娱乐而推迟睡觉时间。如果是因作业多、课业负担重而睡得晚的，家长就要帮助孩子改进学习方法，提高时间利用率，力求做到有效学习。

孩子良好睡眠习惯的养成，作息生物钟的建立，需要长期的坚持才能有效。人都是有惰性的，家长有时也愿意早上在床上多躺一会，何况是辛苦求学、半大不小的孩子呢。所以，家长无论晚上有什么应酬，不管夜间娱乐生活多精彩，都要将孩子的睡眠大事放在首位，及时回家，监督孩子每天按时保质地入睡，不随意改变孩子的上床时间。只有夜间睡眠时间充足了，早上家长的叫醒过程才可能轻松顺畅，孩子的学习过程才能精神振作。

同时，家长要做出表率，不能以“我们是大人”为借口，为所欲为，例如晚上经常约人来家中喝酒打牌，熬夜看电视连续剧或球赛，兴奋时大喊大叫，影响孩子的学习和睡眠，还一味催促孩子早点睡觉。家长如果言行脱节，必定使孩子很难信服，那样的家庭教育是苍白无力的。

三、摸索有效的叫醒方法

叫醒的方式是很多的，如：

（1）光线叫醒。慢慢调亮台灯，或缓缓地、轻轻地拉开窗帘，悄悄地走开，让阳光柔和地照射进来。这是比较自然的一种醒来方式。

（2）音乐叫醒。选择一些舒缓的乐曲，用比较小的音量，通过听觉系统传达信号给大脑，让孩子醒来。

（3）气味叫醒。父母把早饭做好后，食物的香味会通过孩子的嗅觉系统给大脑传递“起来吃饭”的信号，有些孩子会很自然地“闻香而醒”。

（4）预备叫醒。隔天晚上先告诉孩子，明天早上会按照作息时间表规定的时间叫醒他，让孩子有心理准备。因为人从睡眠状态中醒来，从抑制状态到兴奋状态需要有一个过程，所以父母要适当提早一些叫孩子。

家长要注意：叫醒孩子的时候声音不要太大，要轻声呼喊，同时用手轻轻抚摸孩子，不能大力摇晃和拍打。把孩子唤醒后给予夸赞，让孩子免受强烈刺激，并感受到父母的体贴。

家长要根据自己孩子的性格特点与生活习惯，寻找合适的叫醒方法，坚持一直使用，形成一个相对稳定的叫醒方式，帮孩子建立固定的生物钟，传达给孩子最安全的醒来的信号。

特别需要注意的是，不要在时间的最后临界点才叫孩子起床，家长的本意是想让孩子哪怕多睡一分钟也好，可是孩子被突然叫醒，而时间紧迫，已经没有从沉睡到苏醒的缓冲余地，被推着拉着逼着做这做那，一大早就会感觉不开心、不舒服。在家长的催促和责骂声中开始一天的生活，是很糟糕的开端。

孩子在父母长辈的慧心与恒心的指引之下，如果能尽快适应初中的新作息时间，并逐渐养成良好的生活习惯，那么其生活和学习也将必然是井然有序的，孩子的高效学习与学业精进也就有了坚实的保障。

关键词 课外兴趣

我的兴趣我做主

·案例·

步入初中，课程增多了，难度也增加了，小曹的父母担心孩子跟不上学习进度，替他报了一个课外辅导班。没想到，小曹只去上了一堂课就不愿再去了，说辅导班跟学校上课没什么区别，就是补课，他没兴趣再听一遍。

上初中的小曹和同学一起去买手机配件，发现一个“科技工场”课外兴趣班，非常感兴趣。回家后，他想方设法说服父母同意他报名上这个兴趣班。小曹在“科技工场”只上了几堂课，就利用废旧手机充电器做了盏LED小灯，还成功地制作了霓虹灯。品尝到成功滋味的小曹，兴致勃勃地准备制作更复杂的感应灯、报警器、空气净化器等小电器。

看着孩子拿回家的霓虹灯、LED灯，又想到被孩子放弃的补习班，父母既高兴又担心：高兴的是孩子能主动做一件

事，并且做得很好；担心的是在现实的大环境下，对课外制作有兴趣而学科成绩不出色，这对孩子有利吗？究竟应该让孩子上补习班，还是兴趣班呢？

·案例分析·

家长热衷于送孩子上课外班的原因主要是：

（1）对孩子的未来寄托了很高的期望，希望孩子学业优秀、才艺出众。

（2）因工作太忙，或认为自己水平有限，很少有时间或能力辅导子女，只好送去课外班。

（3）有些家长在孩提时代没有机会学习才艺，留下了遗憾，不想让相同的情况发生在自己的孩子身上。

（4）就业市场对人才的素质水平要求较高。

上不上课外班，报什么兴趣班、补习班，应该以孩子的需要、兴趣和学习态度而定。一个能自主学习的孩子，即使成绩并不突出，上不上补习班也没有多大关系。只要他在校坚持认真听课，课后自觉完成作业、进行预习和复习，自主进行拓展练习，就能提高学习成绩。而缺乏学习自觉性、不能自主学习，甚至厌学的孩子，硬要他参加课外补习，也只会让他觉得平时上课不认真听讲也没有关系，反正补习班的老师会重复讲几遍并指导作业，结果，他不但在校不认真听课，在补习班也照样心不在焉。

假如将平时的上课比喻为正餐，那么补习班大概就是饭后可有可无的甜点。吃再多的甜点也不如吃好正餐来得重要，报再多的补习班也不如做一个自主的学习者来得重要。

案例中的父母因为孩子进入初中，就一厢情愿地给孩子报了数学补习班，但孩子却认为自己不需要、不喜欢，拒绝了；但是孩子对自己发现的科技兴趣班却“一见钟情”，不久便小有成就，并产生继续钻研、制作出新产品的强烈意愿。小曹的事例生动地表明，“兴趣是最好的老师”。

兴趣是一种动力，能推动孩子自主地进行探索和创造，使之乐此不疲。此时家长只需指点，不必催逼。如果家长只按照自己的意愿，强迫孩子上他认为没必要的辅导班或“不感兴趣的兴趣班”，让孩子重复学习校内课本的内容，反而容易催生孩子的逆反心理、厌学情绪，效果会适得其反。

·应对方略·

一、区分兴趣班和补习班

校外培训机构大体分为两类：

一类是补习班，按学校教育的年级、学科、教材和进度编班讲授，或一对一辅导课内知识，上课的大多是因为某些学科学习有困难的学生。补习班属于补课性质，也包括晚托班。晚托班适应下班晚、无法按时接孩子回家并督促其学习的家长之需要，孩子放学后进入晚托班，在老师的监督下做作业。“双减”政策出台后，这类校外培训机构已大量减少。

另一类是兴趣班，集中于艺术（钢琴、小提琴、声乐、美术、舞蹈等）、体育、电脑、制作等专业领域，目的是培养孩子某方面的特长、技巧。

在考虑报班时，家长首先要想清楚，是要帮助孩子补习课内教学内容，提高正课学习成绩，还是让孩子在正课之外学习一门艺术技能；其次，要了解办学机构的师资情况，包括教师的学历、经历和教育学、心理学素养，以及是否具有教师资格证，有没有爱心和耐心。

培训机构聘用的教师往往是“老少两极”：退休老教师富有教学经验，但教育观念、教学方法比较陈旧；刚毕业的年轻老师富有朝气、热情，但缺乏教学经验，也缺乏与孩子打交道的技巧。如果孩子感到课外班老师的教学水平远不如学校教师，便不会好好听课，他们的时间和家长的钱就都白花了。了解办学和师资水平的好办法就是进班听课，家长和孩子一起试听，交流感受，再做决定。

二、尊重孩子的意愿

1. 符合孩子的兴趣

家长应该明确，兴趣班是孩子的兴趣，而不是家长的兴趣，或别人的兴趣，更不只是上学需要的兴趣。

有些家长喜欢相互攀比：别人的孩子学什么自家孩子也得学什么，还要求自家孩子必须比人家学得好；还有一些家长是自己有什么爱好，就想让孩子继承自己的衣钵，或者自己曾经想学而没有机会学,就想让孩子来完成自己的梦想……这些做法都从根本上忽略了——上兴趣班的是孩子，没有从孩子的兴趣和特长出发，盲从跟风或一厢情愿，效果必然不好。

如果孩子本身并不排斥，乐意或勉强地参加了家长代报的兴趣班，而且慢慢地喜欢上了，那还好；可如果孩子有强烈的逆反情绪，去了也不认真学，不但钱白花了，家长还可能遭到孩子的埋怨，以致影响亲子关系。所以在给孩子报兴趣班时，家长不要把自己的愿望强加于孩子，要明白自己的责任是精准地发现孩子的兴趣和天赋，并顺势加以引导和培养。

根据孩子的喜好选择兴趣班，不管多苦多累，孩子都愿意去学、去练，在自己擅长的领域奋发努力，取得成绩，展示自己，还能获得精神上的愉悦和放松。当一个人对某个事物有了浓厚的兴趣，他就会主动去求知、探索、实践，并在过程中产生愉快的情绪和体验。

2. 由孩子自主决定

进入青春期后，孩子的自我意识迅猛发展，强烈希望“我的事情我做主”。参加兴趣班不像接受义务教育，不是非做不可的，而是可做可不做的。上不上兴趣班，选择什么兴趣班，要根据孩子的意愿，由孩子自己做决定。孩子不愿意上，家长不能“按倒牛头强喝水”；孩子一定要上，家长也不应以不交学费来阻拦孩子报自己喜爱的兴趣班。家长如果觉得孩子选择的兴趣班不合适，可以适度引导，但不能强迫孩子接受自己的意见，也要允许孩子挑选自己喜欢的授课环境和授课方式。孩子只有真心喜欢、融入课堂，积极参与教学互动，才有可能学到有用的东西；否则孩子只是无奈地坐在那里，东张西望，神游太虚，不管老师讲得多么生动，对于孩子来说都是在浪费时间。

但是，就像缤纷多彩的世界一样，孩子会面对很多感兴趣的事情、多种多样的兴趣班，这让他眼花缭乱，难以选择，这正是他需要家长帮助的时候。父母要用冷静的分析和理性的思考，帮助孩子做出选择。如果孩子硬是不接受，坚持要上某个兴趣班，家长即使认为这个班不适合他，也只能提供劝告和建议，不便硬性反对。课外教育机构都有试听的机会，这是了解课程和教法的最佳途径，听别人说一千句不如让孩子亲身体验一下。家长不妨和孩子一起去试听，然后由孩子决定上不上。万一家长觉得不行，而孩子却执意要参加，双方可以约定先试读一两周，合则继续，不合则停止。

三、允许兴趣改变

孩子对自己的兴趣可能并不是很明确，家长要仔细观察、多方试探，发现孩子的真正兴趣。如果家长希望孩子有广泛的兴趣、多种特长，可以多提供一些机会，让他多接触一些兴趣班，在学习的过程中发现自己的“中心兴趣”。

有时孩子坚决不肯再上自己选择的某个班，坚称现在自己已经一点也不喜欢了。家长不能只心疼学费打水漂，或是生气孩子没有定力，而是应该先了解原因，究竟是孩子真的不喜欢、发生兴趣转移，还是因为学习过程中他遇到了困难就想放弃，甚至可能只是心情不好时的情绪发泄。如果判断孩子对“旧爱”已彻底丧失兴趣，对参与的兴趣班兴致索然，或对某种技艺的确没有天赋，也不必强迫他继续做自己不喜欢或不适合的事，应该允许他“移情别恋”，毕竟这只是课余兴趣而已。

很多家长心里也明白，自己让孩子学习某种技艺，并不是指望孩子将来成为此领域的专家大师或以此为业，而是想让孩子开阔眼界、丰富生活。孩子中途“改行”换班并无大碍。改学别样，多涉猎一些领域、多接触一些知识技能也有一定的好处，硬是不许孩子退出换班，逼着孩子继续学习，可想而知不会有好的效果。但是，家长可以和孩子商量，即使调换兴趣班最好也要坚持完成正在学习的技艺，先善始善终，再另起炉灶。如果是困难与心情的原因，家长应想办法帮助孩子克服困难，调节情绪，鼓励他坚持下去。

关键词 初二现象

迈过初二的坎

·案例·

初一时，小马的成绩一直名列前茅，是妈妈的骄傲。妈妈平时对孩子的自主学习很放心。

到了初二，第一次期中考试，小马的成绩突然一落千丈，妈妈问他原因，他却不回答。原本愉悦的家庭气氛变得沉闷了。妈妈一心希望儿子的成绩能马上回升，想检查小马的作业是否认真完成，以便督促他的学习，结果遭到儿子的强烈反对。

“我的作业都做完了，不要你检查！”

“我是你妈，有权检查！快点把今天的作业全部拿给我！”

“反正作业我都做完了，凭什么给你看啊？”

小马把书包紧紧抱在怀里。

“都做完了？我见你刚才一直在坐着发呆，手里玩笔，哪里做得完功课？胡思乱想什么呢？考成这样，想想对不对得起我们吧！”

“我怎么对不起你们了？你不是一直说为我而自豪吗？现在翻脸不认账啦？”

“你以前成绩多好！现在呢？看你心神不定的样子，上课也这样？怪不得考得这么糟糕！”

“我心神怎么不定了？我怎样上课我知道！你凭什么污蔑我？”

“闭嘴！怎么跟妈说话呢你？快点，拿出作业来给我看！”

“偏不给你！我不是小孩了，不要你管！”

“不要我管？反了你！再不拿出作业本，我就抽你嘴巴！”

妈妈的耐心已经到了极限。

“你抽啊，你抽啊！”

“你！你！”妈妈的手抡出去，被儿子的手紧紧攥住，停顿在了半空中，上下不得。她感觉得到，儿子比自己更有力。

妈妈简直快疯了：“我们把你养大了，你敢和妈妈打架了，是吧？”

幸好，爸爸上前把两个人扯开了，示意妻子冷静。

“现在我是管不了你了，你自己看着办吧！成绩上不去，考不上高中，找不到工作，没饭吃，我也不管！”气急败坏的妈妈抓起车钥匙，扭头离开了家。小马则气冲冲地把自己房门“砰”地关上了。

·案例分析·

“初一不分上下，初二两极分化，初三天上地下。”初中老师和家长中流传的这句话，反映出初二是一个很重要的分化节点。入学时差距不大的学生们，升上初二后，品德行为、学业成绩可能会发生两极分化。一些学生的学习、品行出现下滑，有的学生到了初二就学不下去，全国初二的辍学率高达 5% ~ 10%；未成年人违法犯罪以初二学生所占比例最多，因此初二被教育界称为“危机时段”。

就学业而言，造成初二“低谷”的原因主要是：

初二教学内容的知识深度和广度增加，更多地要使用“逻辑思维”，一些学生的思维方式不适应；

有些学生还没有学会自主预习、及时复习、错题归纳整理，还是靠死记硬背、考前突击应付考试；

学生心理发展还不成熟，面临学习上的障碍，一两次跳不过去，便灰心丧气，甚至惧学厌学；

初二孩子性生理机制基本成熟、性心理活动爆发性增长，在外界大量复杂信息的刺激下，引发对异性及两性关系的过敏，对少量刺激给予极大的反应，容易产生不当行为。

这些都侵占了学生的学习时间、分散了他们的注意力和精力，对学习产生不利影响。

案例中的小马是不是因为不能适应初二的学习特点和要求，以致成绩下降呢？妈妈除了发火之外，是不是应该深入了解一下原因呢？爸爸除了拉架以外，平时是不是应该多关心一下儿子的学习和心情呢？父母应该怎样指导和帮助孩子迈过初二学习这道坎儿呢？

自我意识的高涨导致孩子觉得自己已经长大了，能独立处理一些问题了，更喜欢按自己的意愿独立行事，或在共同处理问题时希望家长多听听自己的意见。这种从被动到主动、从依赖到独立的转变，是青少年成长的必由之路。一旦得不到家长的认同，孩子便会偏激地认为是家长在妨碍自己，于是出现叛逆的言行，案例中的小马就是如此。小马的父母应了解儿子青春期的变化和特点，并适应这种变化，改变教育和沟通的方式，亲子一起以积极的心态找原因、想办法，努力止跌回升，帮孩子走出低谷，重新上路。

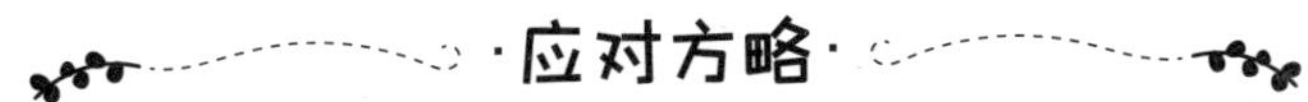

·应对方略·

一、对初二孩子有深入了解

初二是一个相对特殊的时期。一方面，学生已失去初一时对中学生活的新奇与陌生，也暂时没有初三所面临的毕业升学的压力，表面上处于一个相对平稳的学习时期，孩子和家长都容易放松懈怠；另一方面，初二又是一个产生剧烈变化的阶段，十三四岁处于“心理断乳期”，孩子们从无忧无虑的童年进入青春期，面临着“人格再造”的“第二次诞生”。错综复杂的矛盾和激烈震荡的内心世界，使他们产生许多不同以往的变化，此时父母往往会感到孩子像是变了一个人。“成人感”的产生和发展，使孩子对家长事无巨细的照顾、反反复复的叮咛，对老师没完没了的说教感到不耐烦、反感，甚至愤怒。他们对家长的夸奖、指责和评价有了自己的看法，而且往往是不同的看法。家长会明显感到“孩子不听话了，难教育了”。

因此，青少年教育专家提出“初二现象”的概念：初二是道坎儿，是学习成绩的分水岭、能力培养的分水岭、事故多发的危险阶段。初二孩子是一个特殊的群体，他们有许多特殊的问题，需要特别的关照；他们有非常强烈甚至“畸形”的自尊心，需要家长非常细心地去呵护。否则，后果非常严重。

二、与学校老师保持密切联系

家长应主动与孩子的班主任及主要学科的老师进行沟通，及早了解初二各门课程的特点、对学习的要求和学校一日生活的大致安排。家长心中有数，才能及时调整家庭生活的安排和对孩子的教育方法，有针对性地指导孩子适应初二的学习和生活。交流的形式包括电话、QQ 或者微信，最好能当面交流。

在学年当中，家长也应和学校保持密切的联系，经常了解孩子的学习情况，包括学习习惯、学习方法、勤奋程度，以及思想状况、行为表现等；与老师共同做好孩子的教育工作，尽早消除孩子的不良倾向。一味按自己对学习、对孩子心理的理解去解决孩子的问题，很可能得到反向的效果。

遇事不要抱怨老师，尤其不要在孩子面前责怪老师。如果老师的威信被降低，家长就只好自己承担教育孩子的全部责任了。家校携手、群策群力、及早准备，这才是最好的教育方法。

三、与孩子进行有效沟通

初二孩子是一个复杂的矛盾体，独立性和依赖性、自觉性和幼稚性同时存在。他们最大的渴望就是独立、被尊重，希望别人把自己当成大人平等相待。可是他们毕竟还是孩子，还需要成人的指导，但他们又常常拒绝成人的指导，表现出强烈的“反成人权威”的倾向。

家长需要特别耐心和谨慎，放下架子，与他们建立一种亲密、平等的“朋友关系”。“你长大了，懂些事了，有自己的主意，爸爸妈妈愿意以朋友的身份给你提供建议，咱们一起商量怎么样？”这样说，孩子是愿意听的；这种口气的建议，孩子是愿意接受的。

孩子的心理特征变了，家长的教育方式也要改变。家长应抛弃传统的训斥说教，采用沟通交流的教育方式。良好的沟通是解决问题的前提和基础。父母要破除“家长绝对权威”，不断提醒自己：不要执拗于维护自己的权威和面子而搞“一言堂”，要让孩子享有话语权，认真倾听孩子的内心。青春期的孩子对别人的态度、语气、用词十分挑剔，父母要减少强势语言和直接指责，不要指望打骂能让孩子听话服从；面对倔强的孩子，更要保持克制和耐心，不要自己先暴跳如雷，失了分寸。要冷静地对孩子的问题进行分析，使用关心帮助的口吻，肯定其积极之处，帮助孩子认识并修正错误。这样既能减少沟通中出现的不必要的误解，又能让孩子产生主动发展的内在动力。

四、对分数有理性认识

面对考试成绩，家长不应该只是看到分值上的变化，要明白分数有波动是正常的，既有孩子不够努力或偶然失误等主观因素，也有题目难易度变化等客观因素。初二学生普遍感到学习内容变难，数学难了许多，新开的物理课也颇为头疼。事实上，初二课程恰恰是初中阶段比较关键的部分，学习科目增多，难点集中，难度加大，这是学习的客观原因，并非是孩子对学习成绩下滑责任的托辞，对此家长应予谅解，不能要求孩子取得小学时的满分、高分。

家长应该帮助孩子分析分数背后的东西，看成绩是如何得来的，是靠死记硬背，还是理解知识点？是独立思考，还是仅仅模仿而已？是形象思维取胜，还是逻辑思维的结果？在仔细分析的基础上肯定孩子的能力，并对孩子出现的问题进行有针对性的疏导，提出可行的改正措施。

关键词 毕业季

不堪重负的初三

·案例·

初三女生小晶，虽然很努力，但学习成绩只是中等，而且波动很大。母亲对此很不满意，要求她必须考进班级前十名，达不到就骂：“我一个人供养你吃喝读书，容易吗？我的全部希望就在你身上了，你这么不争气，对得起我吗？要是考不上高中，就不要回来见我！”

下学期的期中考试开始之前，小晶非常焦急，担心剩下的时间全用来复习都不够用，担心自己中考失利，无法面对母亲。

她每晚要到11点以后才上床睡觉，清早5点又用闹钟把自己叫醒，开始背书做题，以致上课昏昏沉沉，走路摇摇晃晃。越接近期末，包袱越重，根本学不进去，把大量时间都浪费在对中考的担心和焦虑中。结果中考时，脑子里一片空白，连背得滚瓜烂熟的东西也想不起来，明明会的题目也做不出。

想到妈妈的叫骂，想到落榜的羞耻，小晶再也没有回家。一天后，在城郊的湖里，人们发现了这个可怜的女孩。

·案例分析·

查阅过往的新闻报道，我们可以发现，初中阶段的孩子最容易出现跳楼、跳河等极端行为。每个出事的孩子，都是一面打破的“镜子”，折射着父母及家庭中的问题。

2017 年 4 月 29 日，中央电视台社会与法频道播出的纪录片《镜子》，总结归纳出这样几条结论：孩子出现迷失行为，例如不想学习、情绪不稳定、有抵触性行为时，反映的很可能是父母关系的失衡或模糊；当孩子出现注意力分散、依赖、结交不良朋友等行为时，反映的往往是父母双重标准、夫妻关系分裂、孩子在家中缺乏归属感等。所以说，孩子是家庭的一面镜子，而家庭是社会的一面镜子。孩子会产生轻生的念头，除了升学压力，还有什么因素被忽视？无锡的一位家长说：“在这悲剧的背后，我们做家长的该好好反思一下自己，我们的教育是否偏离了轨道？”

对初三学生来说，随着学习、中考的压力增大，孩子容易出现对学习没有信心、对前途担心、对父母说教反感、心情烦躁压抑等各种现象。怎样帮助孩子正确面对中考压力，克服心理不适，顺利完成初中学业，正是家长要用心去做的。

案例中的小晶其实是个好孩子，她很要强，学习很努力，只是学习能力有限，学习方法不科学，学习效果也不显著。她需要的是精神鼓励和具体指导，得到的却是不断的责骂和无情的威胁。这个女孩生活在不健全、不安全的家庭氛围中，有家却没有温暖，有母亲却缺乏温柔的爱。母亲过高的期望和施加的高压让她喘不过气来，直至失去生的意愿，选择了放弃生命。而妈妈呢，失去了丈夫，又失去了女儿，心中该是何等的悲痛。

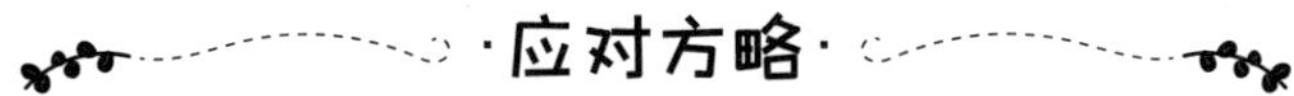

应对方略

孩子升上初三了，面临毕业和中考的挑战，家长该做些什么?

一、深入了解初三孩子的特点

日益迫近的中考使孩子的思想、情绪、行为具有复杂性和特殊性：

(1) 焦虑浮躁。急于提高成绩，做题、复习一味求多求快，希望效果立竿见影；努力了而成绩不见明显提高，便产生焦虑、浮躁的情绪，学习不能深入，安不下心来；可能出现失眠、厌食、头疼，女生还有可能出现月经不调等生理症状。成绩中等的学生表现尤为明显，他们被考试所左右，心态随着成绩而波动，学习时紧时松，情绪忽高忽低，呈不稳定状态。

（2）信心不足。有些孩子觉得以前的知识都没学好、没记住，连会的题目也怀疑自己做得是否正确，严重时脑子会出现空白“短路”；有的担心复习时间不够用，害怕中考失利；过分的担心导致成绩下滑，更加失去信心。

（3）易激动冲动。由于学习压力大，感情里的潜意识长期受压抑，孩子容易情绪激动、行为冲动，常与同学、家长发生矛盾冲突，做错事、坏事，严重时会发生恶性事件。

（4）情感饥渴。在校课外活动减少，在家停止一切娱乐活动，父母一味督促孩子多学习，亲子对话限于考试和分数。学习、生活十分单调，缺少交往休闲。他们表面上拒人于千里之外，其实内心渴望得到老师、亲人的关心指导、安慰激励，如果得不到，可能转为向同学寻求温暖和关爱。

（5）保守封闭。想到中考尤其是优质高中的升学名额有限，学习竞争激烈，不少孩子恐怕别人超过自己，所以不肯分享自己的学习方法。同学之间交往互助减少，以邻为壑，自我封闭。

了解孩子的这些特点，有助于家庭教育对症下药。

二、指导孩子高效学习

不少孩子看着很努力，整天都在学习，可学习效果却并不理想。父母只做精神鼓励是不够的，还要给予方法指导，帮助孩子提高学习效率，从而提高学习成绩。

1. 合理分配学习时间

指导孩子根据学校每日课程设置、自己的时间资源、各科的学习状况等，制订可行的学习计划，使学习有条不紊，忙而不乱。

让孩子给自己定一些时间限制。连续长时间的学习很容易使自己产生厌烦情绪，可以把功课分成若干部分，每一部分限定时间来完成，例如一小时内完成这份练习、8 点以前做完那份测试等。逐步加快速度，缩短时间。

2. 训练集中注意力

学习时必须全神贯注，不要同时干或想其他事，家长也不要嘘寒问暖、送饮料或食品打断孩子的学习。

孩子在学习中“走神儿”，原因可能是反复听讲、复习、做题等枯燥单调的刺激引起了厌倦感、疲劳效应。

学习单元时间理论认为：由于个体差异，每个人的学习单元时间不尽相同，多数人在注意紧张状态下的最佳学习单元时间约为 25 分钟，于此期间学习时精神极为投入，态度极为专注，甚至和他说话他也听不见，这种状态下的学习效率当然最高。家长不能苛求孩子整晚都处于注意紧张状态，应建议他让学习节奏有张有弛，高度集中注意地学习半小时最难的内容，绝不分心；到时间了，伸个懒腰，喝口水，起身走走，放松一下；再学习半小时较容易的内容；又放松一会儿，扭腰拍手，轻度活动，闭目片刻；再进入下一个高度集中注意的半小时，如此交替。

如果孩子在一个学习单元时间内就出现注意力分散的情况，家长可以引导他尝试“三步控制法”：

第一步，能敏感地意识到自己出现了“滞涩情绪”，提醒自己不能成为情绪的俘虏；

第二步，坐端正些，振作精神，想想按学习计划此时该做什么；

第三步，继续学习，直到完成。完成后给自己一个小小鼓励。

有些孩子喜欢边学习边听音乐，但快节奏的流行音乐会在大脑皮质上形成另一个更强的兴奋灶，干扰学习功课的兴奋灶，不自觉地听辨歌词会分散注意。家长可建议孩子专心学习一小时（约两个学习单元时间）后，听一刻钟音乐，这样比戴着耳机做功课的效果好得多。

阅读教材和笔记时，手拿彩色笔勾画圈点，不同颜色、不同记号有不同的意义，比如红色横线表示重要，红色双线表示特别重要，蓝色表示有疑问。还可以用手指点重要处，轻声读出，重复读背几次，或用自己的办法帮助加深记忆。

3. 精简笔记，专心听课

如果孩子的书写速度不快，注意分配能力不强，那就告诉他：课堂上主要应该集中精力听讲，笔记不必记得很详细，只记十分重要的或老师补充的内容即可，预习时在课本上看到过的内容就不必重复记录了。听课时不懂的，下课立即问老师，疑问不过夜。

4. 注意整理，节约时间

学习过程中，把各科课本、作业和资料有规律地放在一起。待用时，一看便知在哪儿，避免东翻西找。学习和生活中没有条理的孩子难以学得很好，因为他们的时间都在手忙脚乱地寻找东西中流失了。

5. 劳逸结合，调节生活

保证睡眠。晚上定时就寝，不要熬夜，保证 8 小时睡眠；上课精神饱满，晚间学习不感困倦。

坚持锻炼。除了积极参加学校的体育课、课外体育活动，自己抽出时间进行喜欢的运动之外，还可以每天在家里做一些轻度运动，舒展筋骨，清醒头脑。

三、及时疏导孩子心理

如果孩子因为几次考试成绩不好，就认为自己能力不行，产生郁闷自卑的心理，家长一定要重视起来，充当孩子的心理老师，引导孩子消除自卑心理，增强自信心。

1. 要正确看待自己

对自己的优势、缺陷等，要有全面、客观的认识。充分看到自己的努力和实力，不要求每次考试成绩都十分理想，不因一两次考试成绩不好而否定自己，不要总拿自己的成绩跟班上成绩拔尖的同学相比较，可以拿自己现在的成绩与之前相比，拿自己现在掌握的知识点与之前相比。

2. 要认真分析考不好的原因

是没有复习好，还是心理紧张没有发挥出应有的水平，或是老师出题太难？如果家长有能力的话，可以与孩子一起心平气和地分析卷子，让孩子自己找出为什么会考出这个分数的原因，但千万别说讽刺打击泄气的话。可以说“我们一起努力，下次争取把分数提升 2 分好吗？”这样孩子不会感觉到压力，而会感受到父母的支持。

3. 要经得起失败的考验

在激烈的升学竞争中，“欲胜人，先胜己”。两军相战勇者胜，鹿死谁手未可知，你没有理由轻视自己。就算自己的学习基础较差，接连考试成绩都不理想，也不应认输放弃。

改变方法，调整计划；查缺补漏，再接再厉；发扬“专心、用心、细心、虚心、恒心”的学风，争取中考发挥出自己的最高水平。

4. 要保持愉快的心情

心情愉悦，能提高学习效率。父母可以教给孩子一些放松心情的小窍门儿：

（1）选择性遗忘。保留成功的快乐记忆，忘却失败的痛苦记忆，体验成功和进步的喜悦感、成就感。

（2）创造好心情。每天清早起来，对着镜子做个笑脸，给父母一个微笑；走路昂首挺胸、哼着喜欢的歌曲；做完难题，用手势或话语鼓励自己。

（3）拿得起放得下。不计较小恩怨、小冲突；和同学融洽相处，既竞争又友好，感受集体的温暖；对家人尊重有礼，和睦相处，享受家庭的温馨。

关键词 考试焦虑

小翼的考试焦虑来自哪里

·案例·

小翼的父母都是教师，对她的学习要求和期望值很高，为她制定的目标就是考上重点高中和重点大学。

从小学起，小翼的学习成绩就一直名列前茅。进入初三后，父母对她更加关心，妈妈每顿饭都会精心准备她最喜欢吃的食物，爸爸也不再约朋友来家里聊天，大家说话声都很小，怕影响她学习和休息。这些都促使她暗暗努力，不想辜负父母的厚望。

小翼学习非常自觉，初三上学期的历次测验考试，成绩都很好。初三下学期，她下了晚自习回到家时已经接近23：00，还是立刻关起卧室门继续复习。母亲一会儿进来嘘寒问暖："宝贝，回来啦，今天是不是学得很辛苦啊，很累了吧？吃块蛋糕吧！嗯，真乖！"一会儿端碗鸡汤让女儿喝，一会儿削个水果给她吃，直到被女儿请出去。父亲则拿着历次考试试卷，频频进女儿房间和她分析成绩：“怎么你的物理老是考不到满分？这样下去清华是没有指望了。”小翼每次听完都黯然神伤，暗暗下定决心一定要避免失误，争取最好的成绩。

可是越想考好她却越觉得力不从心。期中考试前，她坐卧不宁，爱发脾气，注意力不集中，脑子发木；拿到试卷后她大脑一片空白，口干舌燥，手心出汗。结果这次考试她的成绩明显下滑。按照原来的经验，这一次考不好，下一次一定能考好，她继续努力学习。可下一次测验成绩更差。此后她更是心神不安，上课不能集中精力，脑子里总是乱糟糟的。白天想晚上也想，睡不着觉，吃不下饭；一想到中考，她就紧张得几乎不能呼吸，中考模拟考试也不想参加了，回家还常常对母亲发脾气。

学校心理老师通过与小翼及其父母的交流，了解到小翼考试焦虑的最主要的根源，是来自家庭的压力，包括母亲的“软压力”和父亲的“硬压力”。起先家长不能接受，认为自己对家庭教育很重视，也有经验。心理老师耐心地让小翼妈妈回顾自己的做法，并让她设身处地想想：“如果有一个人天天这样关照你，又对你的工作抱有极高的期望，你有什么感觉？”妈妈犹疑了一下：“嗯，这样会……有点……压力特别大……”老师又问小翼爸爸:“你觉得在家里，你是一位班主任，还是一位父亲？要是换成你是她，你希望在家里多一个班主任吗？”爸爸答:“以前我当学生的时候，最怕的就是班主任了，要是家里再多一个，岂不是要喘不过气来了，唉……”

经过思考，父母意识到“过犹不及”。妈妈意识到：自己的过度关注、刻意关心，无形中给课业负担学习压力十分繁重的女儿增添了很多心理负担。爸爸也意识到自己的做法使女儿时时感受到来自班主任和“班主任父亲”的双重压力。而内向的小翼又不善于与人交流，没办法排解、宣泄这样的多重压力，就出现了上述的考试焦虑症。过度焦虑使得学习效率低下，而成绩下降又导致她在后续的学习和考试中更加焦虑，形成了严重的恶性循环。

小翼父母都意识到自己不能再这样给女儿“加油”和关心，他们和心理老师一起商量，采取可行的矫正方法，帮助女儿消除考试焦虑症。经过一段时间的调节之后，小翼的考试焦虑症状明显消减，成绩稳中有升，人也乐观开朗了许多。中考时她虽然还有点紧张，但焦虑程度适中，考试发挥正常，最后被一所重点高中录取了。

·案例分析·

面对重大考试时感到焦虑是必然的。焦虑是因注重所做事情的后果而产生的紧张、担心的心理反应。适度焦虑能激发内在的潜能，过度焦虑则会让人产生头疼、失眠、烦躁、厌食、记忆减退等身心不良症状，反而降低学习效率。考前焦虑症会导致考生在考场里手发抖、眼发黑、大脑一片空白，无法集中注意力，因而大大影响考试成绩。

很多学生产生考试焦虑的原因与小翼相似，不仅仅来自考试本身，更多的是源于家庭压力。小翼妈妈在生活中过分、刻意的关怀，不仅营造出“快考试了”的紧张氛围，传达着“我这样做，都是为了让你考好”“你要对得起我无微不至的关怀”的信息，而且频频打扰女儿的学习过程，中断她的思路，分散她的注意，直接降低其学习效率和成绩。爸爸把女儿与其他同学进行比较，让小翼的自尊心受到损害、自信心降低，复习和考试时提心吊胆，成效大减。

家庭教育是要讲究方法和技巧的，不能自以为是地蛮干。即使身为教师，也不一定是合格的父母。欲速则不达，其实他们可以换一些做法促进孩子的复习，例如：

（1）经常和孩子“一起读书”，如孩子学习时，家长看书或在网上阅读，充当孩子的学习伙伴。

（2）让孩子在学习之外从事一些能带来成就感的事情。

（3）平时不要对孩子的学习成绩表示过多的关注，那样会增加孩子的紧张和压力，何况小翼本来就是自觉学习的孩子。

（4）不要把孩子的成绩与其他同学相比，要和孩子一起分析他考不好的原因。而不是单方面地下结论。

（5）不要因为考试成绩不理想而责骂孩子或表示失望，应反思自己有没有责任。

如果孩子已经产生了焦虑、抑郁症状，应该寻求心理老师与心理医生的帮助，有针对性地采用一些矫正方法。

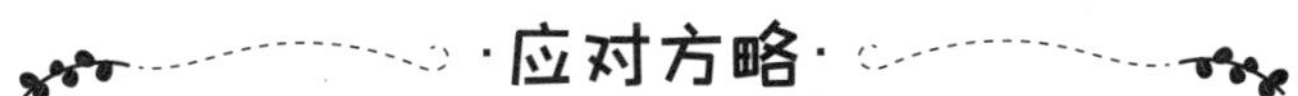

·应对方略·

对于家庭教育而言，父母最需要做的是防患于未然，以适宜的方法避免孩子出现考试焦虑症。

一、营造宁静愉悦的家庭氛围

家庭应是孩子学习和生活的宁静港湾，父母应给孩子营造一个宽松愉悦的环境，使孩子能安心、平静地学习、备考。

1. 平和自己的心态

家长自己不要表现出焦躁。家长的焦躁会投射到孩子心里，引发孩子的焦躁，打击孩子的情绪，直接影响孩子的学习效果和亲子关系。不要老是把考试当作家中谈论的焦点，家庭成员之间说些有意思的话题，彼此打趣，开开玩笑，都能驱散心头的乌云。

2. 不要制造紧张局势

家中保持平常氛围，不要把中考渲染得太恐怖。不悬挂中考倒计时牌，不要刻意关照孩子，例如大量加菜、买保健品，不说“这个是特意为你准备的补品，让你考得好一点”之类的话。“心贵处于平常”，让孩子“平时似考试，考试似平时”，用平常心态从容备考。

3. 要注意对孩子的评价

不要因为怕孩子骄傲放松就故意贬低他，拿气话、反话来“激”孩子，这会产生自我实现预言效应，孩子真的会变成家长所说的那样。如果家长一直保持焦虑，而孩子一直认为自己考不好，那么他肯定会考不好。最好的办法就是正面评价孩子，对其每一个优点、每一次进步，都给予鼓励和赞扬，增强其自信心。

4. 要做参谋，不做法官和裁判

家长不能只根据孩子的学习结果（分数）就做出“好孩子”或“不成器”的断论，而要关心他学习的过程、人格的成长。在孩子出现问题、遇到困难的时候，帮他出主意、想办法，以过来人的理解力来明确症结、帮助解决。

5. 不要考前唠叨考后指责

孩子本来就很紧张，家长不必说太多鼓励、期望的话；孩子本来就很心烦，家长不要不停地啰唆，颠来倒去就是那么几句话，让孩子烦不胜烦；孩子考得没有达到家长的指标，家长更不要无休止、无节制地责骂讥讽，否则孩子忍无可忍，爆发争吵、愤而出走就不足为怪了。家长与其如此制造矛盾，不如忍忍嘴、顺顺心，把精力用于孩子的心理疏导、情绪调整和生活照料上，起到强心、镇定、补给的作用。

6. 帮助孩子稳定情绪

引导孩子学会调节自身的心理压力。孩子心理压力大，容易感觉烦躁，家长不要火上浇油，给孩子施加过多压力。不妨找点时间带孩子外出游览、购物、看电影，调节一下孩子的心理状态，加强与孩子之间的情感沟通。发现孩子处于不良情绪状态时，家长可以帮助孩子进行放松训练，例如肌肉放松、呼吸放松、想象放松。

二、指导孩子应对考试的方法

1. 状态是备考的核心

科学的备考，其核心是调整考试状态。状态可分为上中下三种：以超常状态发挥，能做到“1=10”，考生获得出乎自己意料之外的上佳成绩；正常状态是将自己已有水平发挥出来，做到“1=1”，比如考试时能做出所有自己会的题；而失常状态则会使“10=1”，比如有些考生在考场上心慌意乱，明明会的题就是想不起、做不出。家长要从培养心理素质入手，使孩子能做到“每逢大事有静气”。

也有家长着急、孩子不急的，父母忙着帮孩子备考，孩子却无所谓、悠闲疲沓，甚至在考试前夕还玩手机、打游戏。这时家长就要给孩子充电“上发条”，警醒他——中考是你至今面临的最重要的考试，必须用自己的努力争取好的前途。

2. 教给孩子科学的复习方法

（1）复习的一般技巧：重视基础，系统梳理；精彩回放，温故知新；查漏补缺，主攻要害；联系实际，灵活运用；等等。

（2）复习的心理策略：合理安排，科学用脑。

（3）遵照“镶嵌法则”安排复习。整天或整晚复习同一门功课，容易疲劳和厌倦，效果也差，安排复习两三门功课，效果就好多了。父母要帮助孩子安排，文科理科交叉，侧重逻辑思维的学科和侧重形象思维的学科交叉，避免一侧大脑过分疲劳。

（4）利用最佳时刻。刚起床时大脑尚未完全苏醒，复习较容易、有趣的内容；起床 2 ~ 3 小时后大脑进入最佳思维状态，8：00 ~ 9：00 耐力处于最佳状态，安排攻坚内容；9：00 ~ 11：00 短期记忆效果好，强记突击；15：00 ~ 16：00 精神又振，长期记忆效果好；19：00 ~ 21：00 适宜计算解题，复习较难的内容。停课在家复习后，逐渐把精力最旺盛的时间调至与中考相同的时段。

（5）多种感官协同动作。视觉记忆效果为 25%，听觉记忆效果为 15%，视听结合则高达 65%，再加上其他感官则效果更佳。

（6）根据遗忘曲线安排复习。遗忘曲线显示：刚刚学过的内容忘得最快，遗忘速度越往后越慢，最后记忆保留率在 20% 左右。所以，复习要赶在遗忘之前，每天晚上复习当天学的功课。如果平时不复习巩固，等到考试前就已忘得差不多了，从头背起，事倍功半。最好的办法是平时经常复习和考前集中复习相结合。

三、提供生活后勤服务

1. 保证丰富营养

大脑需要葡萄糖、维生素（水果、蔬菜等），蛋白质、卵磷脂（鱼、豆类、果仁、植物油等），以及各种微量元素等。家长要给孩子准备营养丰富的食物，但要注意健康搭配，避免过分油腻；一般不必吃补品、保健品。

2. 保证充分供氧

室内注意通风，开空调定时换气，孩子休息前可以临窗或出户深呼吸。家长和客人勿吸烟。

关键词 升学志愿

选哪条路

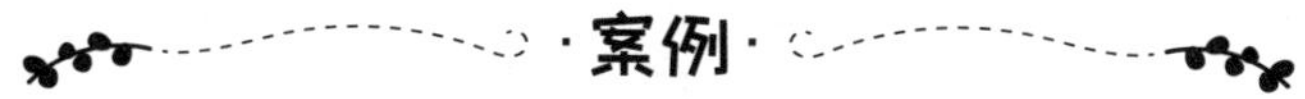

·案例·

小徐是一个文静、听话、懂事的男孩，学习很努力，但成绩一般。不过他动手能力很强，经常能搞些小发明，家里的电器坏了，他一般也能修好。

进入初三，学习压力更大了，小徐更加认真，但成绩还是没有多大的进步。中考成绩出来了，他的分数只比高中线高了一点点。这让他陷入了两难的境地：报普高，还是职高？小徐想选择职高，觉得自己对动手制作有兴趣，也有能力，进了职高发展空间会更大。但爸妈却执意要他上普高，因为他俩都是名牌大学毕业生，觉得儿子上职高自己会很没有面子。

面对这个矛盾，家里争执许久。但在小徐的坚持下，父母最终还是尊重了孩子的选择，为他填报了一所知名职高。

几年下来，小徐的特长得到了发挥，不仅斩获了全国技能大赛的金牌，还顺利考上了本科继续深造。

·案例分析·

小徐很理智，能根据自己的学习成绩和兴趣特长选择适合自己的学校。他的父母也很通情达理，虽然起初希望他上普高，亲子之间也发生过矛盾冲突，但最终还是选择尊重孩子自己的意愿。小徐是一个幸福的孩子，因为他有非常通情达理的父母。如果父母强迫孩子按照他们的意见填报志愿，小徐必然产生抵触甚至怨恨心理，进入高中后，也不会愉快认真地学习。成绩不理想时，可能会把所有的责任归咎于父母，甚至发生一些意外事件。而父母尊重了他的选择，他如愿进入职高，必须对自己所做的选择负责，努力奋进，用成功证明自己选择的正确性。果然，在职业高中，小徐的特长得到了发挥，学业也没有耽误，最终还考取了本科。当大学录取通知书送达时，他的父母一定非常开心，庆幸当初没有“专制独裁”。

读职校还是普高，并不能完全决定一个人的未来。而在选择的过程中，以及选择过后的作为里，却能看到孩子的成长、成熟与成功。

·应对方略·

一、是孩子的志愿，还是家长的志愿

初三毕业的孩子从少年时代进入青年时期，对事物有自己的主见和想法。中考志愿的选择，对他们今后一段时间的学习、生活乃至未来的发展都会产生重要影响。

志愿，是孩子的志愿，不是家长的志愿。在考虑中考志愿的过程中，家长要多让孩子说说自己的想法，而不是由家长包办代替。比如选什么层次的学校，是去重点学校做“凤尾”，还是到一般学校中当“鸡头”？像小徐那样的孩子对文化课兴趣不大，动手能力却较强，是上普高还是职高？如果选择职业教育，要学什么专业？家长切不可自己做决定，而要多听听孩子的意见，通过讨论来达成一致意见。如果双方意见相左，且家长只顾强迫孩子按照自己的意见填报志愿，那必定会影响孩子的积极性和亲子关系的和谐。

当然，家长的社会经验多，视野广，可以从更多的角度考虑问题。因此，家长的建议也是孩子填报志愿时的重要参考。有些情况下，考得好不如报得好，父母指导孩子选择和填报中招志愿，让他进入最适合的学校，对孩子未来的发展非常重要。

二、选择志愿要考虑哪些方面

填报志愿，一要尊重孩子的意愿和兴趣，二要估算孩子的成绩能否达到录取标准，三要考虑家庭经济承受能力，四要顾及孩子的身体条件等。如果有可能，当然要选择更理想的学校，但切不可勉强拔高。

一位考生母亲介绍经验说："我们的孩子不是'牛孩'，选择最适合他的学校才是最正确的。"父母深思熟虑后，与孩子商量着填报志愿：第一志愿是分数线匹配的公办高中，第二志愿是分数线差不多、口碑不错的民办高中，万一报第一志愿学校的考生们"黑马"太多，分数线一下子拉高了，还有第二志愿接着。第三志愿是五年制高职（高等职业学院），选择能续本的学校、符合孩子兴趣的专业。第四志愿是"有分就能上"的高中，离家不远，保证孩子有学上。妈妈盘算：如果真的只能进第四志愿学校，会让孩子更多地锻炼在社会中为人处世的能力，更好地锻炼身体，高中毕业后还可以报考高等职业学院。"且看十年后，孩子不一定无所作为哦！"

三、普高还是职高

不少中考生家长生怕志愿一旦填不好，高分低录浪费了三年努力；一些家长出于偏见和虚荣，对孩子上职高觉得丢面子，不顾孩子自身的实际水平，将孩子硬“拖”进普高——宁愿多交钱搞借读也要进普高，结果三年后孩子考大学困难重重。

教育界人士一致认为，成绩偏低的学生大多并非智商偏低，不少人是对死钻课本没有兴趣，而在动手制作方面有才能。很多时候，为他们选择一个好的专业上职高（职业高中），学一门技能，早些毕业出来从事技术工作，也是上上之策；或者填报五年制高职，出来后又有技能又有大专文凭，还能报考本科，也是不错的选择。家长不顾一切将孩子往普高里“拖”，很有可能害了孩子——他们虽然挤进高中，可是更加多、更加难的学科让他们更加束手无策。基础不好跟不上，孩子身心俱疲，家长后悔莫及。所以，家长选择志愿的出发点是孩子的现实水平，着眼点是孩子的未来发展，而不是自己的面子和意愿。

教育部门曾经做过分析统计，孩子的学习水平，一般在初中阶段就已定型。从初中被硬“拖”进普高的学生，尽管还有微乎其微的“黑马”杀出的可能性，但三年之后能考上三本院校的人可以说是寥寥无几；即使他们高中时学习很努力，但大部分人的成绩都只停留在专科水平，这和五年制高职殊途同归，浪费了孩子宝贵的时间。

与其这样，家长们还不如中考时从实际出发，放下面子，让孩子上一个切合他自身学习状况的三年制的技校、职高或五年制的职业技术学院。现在国家非常重视职业教育，职业院校的办学质量、硬件软件和社会地位都今非昔比，社会的观念和舆论也早已改变，孩子接受职业教育一点也不辱没家长。随着职业教育的发展，现在读职业类学校也很有前途，对口高考同样可以考上本科。

四、热门名校还是一般学校

是进重点高中的普通班，还是进一般高中的重点班？孩子的成绩刚刚处于名校录取分数线的边缘，该不该冒险往上冲？“宁为凤尾，不做鸡头”的观念使一些家长宁愿让孩子冒险冲名校，也不愿稳当地进分数线稍低的一般学校。但是，被名校录取的学生，成绩几乎都是出类拔萃的，一般的初中学生如果基础知识不够扎实，即使设法进入重点高中也会力不从心。试想，孩子踩线勉强挤进一所重点高中，只能在班上排名最后，学习吃力，自卑压抑，缺乏自信，不快乐……这是家长所希望的吗？何不让孩子进一所分数线稍低的高中，孩子在班里名列前茅，自信自豪，学习状态好，心情也好，一样能成长成才。

业内招生专家表示，确实存在“凤尾不如鸡头”的现象。所以家长选学校不能只看名气，而要选最合适自己孩子的。当然，对于录取分数线稍低的学校也要细心考察，了解它真实的教学质量和升学情况，才能做出最合适的选择。

— 健全人格篇 —

关键词 品行修养

骄横无礼的表姐

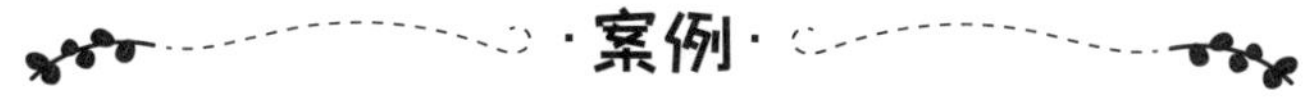

·案例·

期末考试结束后，紫霞带着优秀的成绩作为礼物去外婆家拜访。刚上小学的表弟先到了，正在兴致勃勃地和爷爷说话。

紫霞高声宣布："外公外婆，我这次考得很棒！"转头带着不屑的表情问表弟："你考得怎样？双百？"小表弟嗫嚅道："没有，我这次有点粗心……"紫霞撇嘴道："哼，考得不好就是不好，别找任何理由！"顿时，小男孩的眼泪掉了下来。紫霞却头发一甩，一转身坐到沙发上，打开电视机，一边看播放的选秀节目，一边摇晃着身子哼着调子。

女儿骄纵无理的言行让妈妈觉得非常丢脸，她斥责道："你是大姐姐，怎么这么对待小表弟呀？"紫霞吐着瓜子壳还嘴："我怎么了我？他就是考得不好嘛！"妈妈一把夺下女儿手中的遥控器，关了电视。

于是，一场大战在母女之间展开，紫霞像一头好斗的小狮子张牙舞爪，妈妈也抛却了一贯的淑女风范。亲戚们纷纷参与劝解，场面一度失控……一次原本温馨的家庭聚会不得不中途狼狈收场。

案例分析

紫霞学科考试成绩是优秀的，可是她的“成长试卷”能得几分呢？做客时面对两代长者，她的举止傲慢无礼，讽刺年幼的表弟，显得张狂骄横。

在应试教育造成的“高分就是硬道理”的理念支配下，家长往往以分数的高低来评价孩子优秀与否。孩子只要成绩好，就“一好遮百丑”，家长还会给予物质奖励，满足其一切心愿，淡化了对他做人方面的要求。为人之本的品德，言行之源的性格，人际交往必需的礼貌、敬老爱幼的德行都被严重忽视。孩子恃宠生娇、恃“分”生骄，不尊重他人，却要求所有人都尊重他；自己狂妄无礼、任性胡为，却要别人无条件地迁就顺从他。这样的孩子长大以后，怎样在社会上立足呢？

紫霞的父母在平时的生活中大概只关注孩子的考试成

绩，没有把自己良好的行为举止传给女儿。家庭聚会上，妈妈发现了紫霞的问题，却没有好的教育方法，双方的对立冲突不仅破坏了家庭聚会，更破坏了亲子关系。

正直善良是做人之本、立业之基。对孩子来说，比成绩更重要的是道德品质，是自立自强、自尊自爱、宽容感恩等良好的人格修养。对家长而言，家庭教育的核心之一就是德育。

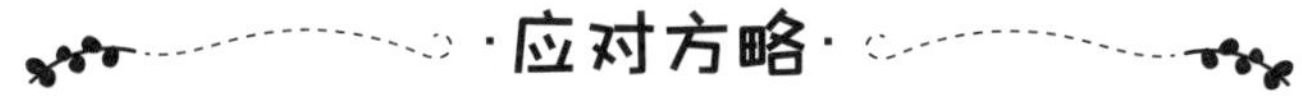

一、转变观念，全面培养

家庭教育不应以铸造“考试机器”为目标，而应环顾周围，看看现实生活中什么样的孩子是受大家喜爱的？应放远眼光，想想未来什么样的人才是受社会欢迎的？

在成功所需要的众多因素中，智力仅占15%，而性格、人际关系等非智力因素则占85%。家长要转变“分数至上”的观念，让孩子在理解与尊重中学会自重，在宽容与鼓舞中学会自强；使孩子具备强大的学习能力、优良的性格品德、多方面的才能技巧，以及良好的心理素质，这会让他受益终身。

为了养成子女良好的行为习惯，铸就勤奋自律的品质，家长（尤其是祖辈）要尽早最大限度地让孩子学会生活自理，讲究文明礼貌，学会自我调控。为了铸就善良正直的品行，家长要培养孩子的爱心和孝心，让他懂得宽容和体贴，远离嫉妒和报复。为了培养孩子的自信，家长要鼓励他大胆尝试、勇于探索，掌握运动技能和一定的艺术鉴赏能力。为了培养恒心与毅力，家长要让孩子知道人生必然会吃苦、奋斗总会有失败、持续努力才能获得成功的道理，让他负责一些要付出较长时间才能完成的任务。

二、重视德育，约束言行

《中学生守则》关于道德品行的具体要求就是家庭德育的内容，包括：

（1）爱党爱国爱人民，勤劳笃行乐奉献。

（2）自己事自己做，主动分担家务，参与劳动实践，热心志愿服务。

（3）明礼守法讲美德：遵守国法校纪，自觉礼让排队，保持公共卫生，爱护公共财物。

（4）孝亲尊师善待人：孝父母敬师长，爱集体助同学，虚心接受批评，学会合作共处。

（5）诚实守信有担当：保持言行一致，不说谎不作弊，借东西及时还，做到知错就改。

（6）自强自律健身心：坚持锻炼身体，乐观开朗向上，不吸烟不喝酒，文明绿色上网，珍爱生命安全。

（7）勤俭节约护家园：不比吃喝穿戴，爱惜花草树木，节粮节水节电，低碳环保生活。

1. 做出榜样

叶圣陶先生说："凡希望学生去实践的，我自己一定实践；凡劝诫学生不要做的，我自己一定不做……"父母也应如此，在日常生活中做出表率，例如夫妻之间互敬互爱，孝敬长辈，与邻里、朋友、同事相处和睦融洽。要求孩子不自私，自己就要多为他人着想，面对利益诱惑，不能见利忘义，引导孩子学好样、做好人，绝不能向孩子传递错误的价值观、荣辱观及行为方式，把孩子往邪路上引。

父母在以身作则的同时就树立了威信，孩子会心悦诚服地听从父母的劝说。孩子之所以敢无理取闹、撒泼发飙，大多是因为父母缺乏威信，宠爱无限度、说话无分寸、举止不检点、奖惩无章法，前后不一致。家长要在爱的基础上严格要求孩子，规范他的行为，拒绝他的无理要求，舍得让孩子吃点苦。

2. 从小抓起

培养良好品性要从小抓起，从细微抓起，从第一次抓起，到初中时孩子的基本行为习惯已初步形成，改正坏习惯会比较困难，但此时再不抓紧矫正就来不及了。父母要在日常生活学习中从“小事”抓起，点点滴滴见成效。

对孩子的品行不抓不管就是放纵。有的家长被盲目的爱驱使，听到别人反映自己孩子有过错时，第一反应就是“这点小事算什么”，随之立马顶回去，以致孩子的缺点不能得到及时的改正，养成了不良品行。还有的家长抓是抓，但是不注重改，主要靠口头教训，或紧一阵就松了。然后就叹气：“我不知跟他说了多少遍了，就是不改！没办法！”其实，及早抓、从小抓，坚持不懈、一抓到底，必见成效。

3. 适当冷落

正确的教养方式是不娇宠，不溺爱，不放纵。对付骄纵无理的孩子的最好办法，就是不顺从迁就，不提供过多的物质享受。即使他哭闹、不吃饭，家长也不要心疼地马上去哄劝；可以冷落孩子一下，暂时不予理睬，暗中观察孩子的动静，以防他做出过激或危险的举动。当孩子因不合理要求得不到满足而大发脾气或损坏东西时，家长可以大声严厉喝止，但勿动粗；可以采用冷处理的方式，暂时不理他，等他情绪平静下来再跟他讲道理；也可以采用转移注意力的方法，搁置其不合理要求，让他去做另一件感兴趣的事。当孩子认识到自己的错误，行为有所改变时，家长也要及时给予热情的鼓励。

要让孩子摆正自己在家庭中的位置，认识到自己只是一个普通的家庭成员，不能以学习为借口搞任何特殊化。

4. 教育一致

祖孙之间隔辈亲虽属正常，但过了头就会成为家庭教育的阻力，不少孩子就是在祖辈的溺爱中养成恶习、走上邪路的。父母一定要与老一辈沟通好，统一教养态度、教育方法，不要让他们过多地插手孩子的教育。

关键词 公德心

换种方式爱孩子

案例

小伟是父母的老来子，父母对他溺爱无度，从不管束，更谈不上品行教养。小伟恣意妄为，上课不听讲，做操怪喊大叫，轮到值日从来不做；走路横冲直撞，横着膀子挡路、绊人，随手折断花木。

小伟父母个子不高，特别希望孩子能长得高大，于是每天翻着花样给他弄吃的，让他把自己喜欢的饭菜饮料带到学校来。课间课上、走廊操场，小伟想吃就吃想喝就喝，吃完喝完就把垃圾随手一扔，他的座位周围总是布满了食品包装袋、空瓶和纸屑。同桌说他，他反而再扔些东西到地上。小伟初一进校时是个小胖子，初中三年身体各项指标都惊人地增长，初三时已变成了一个不折不扣的“巨无霸”。

先后两任班主任找小伟谈话无数次，与家长也多次沟通，均无效果。父母总是帮孩子推脱打掩护，不肯正视孩子的问题。小伟有父母袒护撑腰，越来越听不进老师的教导。他的身体一天天长高长大，成绩和品德却每况愈下，两次受到处分。他在小区里也是横行霸道，甚至用钱唆使别人干坏事，派出所进进出出了好几次。

·案例分析·

老来得子格外宠爱，可以理解；不可以理解的是，把全部的爱和希望都寄托在儿子身上的父母，竟不致力于教子做人、育子成才，而是全力“催肥”，让孩子只顾吃喝玩乐。这种好吃懒做、不想学习、不守纪律、不讲公德的学生，上高中无望，找工作不肯，又有哪个单位会要他？他未来几十年的路要怎么走？

过度的爱反是害，小伟被父母害惨了。家长要摆脱溺爱模式，换一种方式爱孩子。成长并非简单地长身体，更重要的是掌握科学文化知识技能和社会道德规范；孩子的成长过程不只需要物质营养滋补身体，更需要精神营养滋润心灵。作为孩子成长道路上的领路人，父母要把握大方向、大原则，必须从小教给孩子做人的道理、行为的准则、基本的礼仪，培养孩子具有好习惯、好品性、公德心。即使不能成“才”，至少也要成“人”。

再看另一个实例。2016 年 10 月，上海松江的黄先生驾车送儿子上学，经过一处隧道时前方拥堵，黄先生停车等候。儿子随手将空酸奶罐扔出窗外，爸爸立即教育他不应乱扔垃圾，随即下车把酸奶罐捡回车内，到达目的地后才扔入垃圾桶。此情景被后面车辆的行车记录仪拍下，后车车主将视频发到网上。松江媒体找到黄先生，问他为什么会做出这样一件很难做到的小事，他回答：“人的一举一动，决定了社会的风气。自己的行为、自己家人的行为都不去好好约束，又怎能奢望有一个良好的社会风气呢？”

这位父亲做得好！父母良好的榜样是子女为人处世最为直接的效仿典范。事情小、教育大，相信这件事会永远铭刻在孩子心中，督促他于细小处讲究公德。

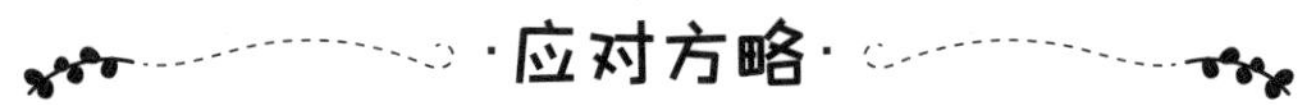

·应对方略·

一、重视公德心的培养

许多家长过分注重孩子的应试技巧、艺体技能的训练，却忽视了对其道德品行的培养，结果孩子既不讲公德，也没有私德。现实中有很多孩子对他人、集体、社会毫不关心；在公共场所内高声喧哗、插队占位、乱跑乱撞、乱扔乱吐，破坏公共秩序、公共卫生，在名胜古迹、历史建筑上乱涂乱画、乱刻乱凿……

公德，指在公共场所应该遵守的道德行为，主要内容为：文明礼貌、助人为乐、见义勇为、遵纪守法、遵守规则、爱护公物和保护环境等。社会公德作为人类社会生活中最起码、最简单的行为准则，是维护公共场所正常秩序和安定环境、维护现实社会生活的最低准则，是社会生活稳定发展的基本条件。自觉遵守社会公德是成为一个有道德的人的最基本的要求。

公德心，就是自觉遵守行为规范、维护公共道德的优秀心理品质。家长应该像黄先生那样，给孩子做出富有公德心的好榜样，讲解道德行为的各种准则，传达正能量，对孩子进行社会行为训练，培养孩子的公德心。

就保护环境而言，要让孩子认识到：讲究公共卫生、保护生活环境，不仅是健康生活的重要保证，更体现出一个民族的文明程度和精神面貌。

首先，要减少污染，不随地吐痰、大小便，不乱扔垃圾，不焚烧东西取乐，执行所在地有关燃放烟花爆竹的规定。在家中要和大人分担保洁工作，在校要认真做值日。其次，要珍惜资源，节约水电，废物循环再利用。在校不仅要爱护公物，也不能损坏他人的私人用品；对自己和家里的物品同样不随意损坏。可以让孩子在家负责收集空瓶、废纸等，变卖后所得报酬归他自己合理使用。尽量少用一次性用品，以免为了短暂的便利而使生态环境付出高昂的代价。还要保护动植物，不能攀木摘花或虐待动物，与其他生物和平相处。

二、尊重隐私

讲究公德的另一个方面是尊重隐私，自己不侵犯他人的隐私，也不允许他人侵犯自己的隐私。父母和子女都要学会划定恰当的心理界限，彼此尊重，互不侵犯。帮孩子理清楚自己和同学及其他人的心理界限，明白界限清晰对彼此的好处。清楚什么可以对别人做，什么不可以对别人做；什么别人可以对自己做，什么别人不可以对自己做。当别人侵犯了自己的心理界限时，我可以坦率直言，捍卫自己的隐私和人权；发现自己侵犯了别人的心理界限时，我也应该自责并赔礼道歉——这是讲公德、有私德的表现。

三、温柔管教

“晓之以理，导之以行，持之以恒”的前提和基础是“动之以情”。这个“情”不仅是父母对子女的关爱之情，还有更高尚的道德情感。

在管教孩子、给孩子立规矩时，父母提出的要求必须是孩子能够做到的，也是经过努力可以做到的。父母的态度可以是严肃的，但语气却要是温和的。要让孩子体会到必须敬畏规矩、遵守公德，做得好，一定会受到表扬，违反了，就要接受惩罚；更要让孩子明白，即使他犯规受罚了，父母仍是爱他的，父母反对的是不讲公德、违反规矩的行为，而不是讨厌孩子。让孩子体会到冷冰冰的规矩背后是父母满满的爱："管教我是因为爱我，父母知道什么是对我好，在父母制定的规矩里，我的行动和生活是安全的。"在立规矩时要将爱体现出来，这是教育智慧。不能让孩子感觉父母是在故意限制、整治自己，以免激起孩子的逆反心理。

管教是一种温柔的坚持，可以培养孩子坚持原则的品行；潜移默化是教育的最高境界，比说教打骂的效果要好上很多倍。父母在进行管教时，要发挥权威效应，要有强大的内心，不能被孩子的那几招"独门绝技"制服而放弃制定的规矩。

关键词 责任感

负责任，敢担当

·案例·

学校举办重要活动，小涵忘了穿校服，妈妈打电话请外公去家里拿校服送到学校。

小涵经常丢三落四，好几次忘了必需品，都是家人把东西送去学校。这次妈妈心里很不是滋味：为了给小涵送校服，年迈的外公转乘了好几次公交车，来回折腾了近两小时。因为追赶快开的公交车，外公跌倒在地，被好心人扶起来，还坚持把校服送到了学校。

小涵心安理得地拿着校服扭头就走，连谢谢都没说一声。外公一瘸一拐地回去，到家就躺下了，浑身疼痛，血压升高。小涵妈妈工作正忙，只能请假陪老父亲去医院检查，幸好老人家仅是骨裂没有骨折。

小涵犯的错，为他付出代价的却是外公。晚上，妈妈跟儿子进行了一次长谈，小涵承认了自己的错误，说以后一定注意，答应星期六去看望外公。

没过多久，小涵放学时发现公交卡没有带，习惯性地打电话给妈妈:“谁帮我送公交卡来?”妈妈说了句“自己想办法解决”就挂断了电话……因为妈妈的“不配合”，小涵不得不向同学借了4元钱坐公交车，回到家时已是晚上6:30了；第二天还不得不从零花钱中拿出4元钱还给同学。

此后，小涵忘带东西的毛病改了一些，但在家里还是少爷作风，经常挂在嘴上的一句话就是:“不关我的事!”

老师也反映小涵智商不差，但学习上不求甚解、马虎应付、粗枝大叶，所以成绩并不是很好；不关心集体，不乐意接受班级委托的事，做值日也是懒洋洋的，还多次忘记。小涵到底是怎么回事呢?

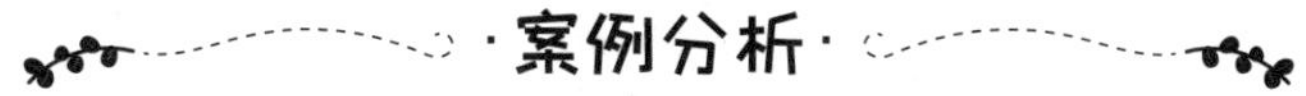

·案例分析·

有的人智力体力并无过人之处，但是做事目标明确、认真负责、刻苦钻研，什么任务交给他都能让人放心。别人托付的事情他都放在心上，答应帮忙就一定兑现，周围人对他的评价是“责任感强”。还有的人聪明能干、身强力壮，可是工作懒散，不能按时保质地完成任务，时常出纰漏。自己该做的事不做，推给他人；别人托付的事经常忘记，说过的话也总是不算数，周围人对他的评价是“缺乏责任感”。

小涵显然属于后者。他记忆力不差，但总是丢三落四；智商不低，可学习成绩不好；他的身体没有问题，做事却懒洋洋的，在班里家里都不肯承担责任。口头语“不关我的事”表明了他没有意识到自己该承担哪些责任：带齐学习用具的责任、认真读书的责任、完成作业的责任、遵守校规校纪的责任、维护教室和校园卫生的责任、爱护父母长辈的责任、为家庭出力的责任……他不知道自己不负责任的行为给他人带来了多少麻烦和痛苦。小涵缺乏对自己、对家庭、对集体、对社会的责任感，这是由于两代家长的过分宠爱和过多帮助所造成的，他们越俎代庖地承担了本应由小涵自己承担的责任，只能自受其累。

从小培养孩子的责任感是家长不可忽视的责任。培养的途径和方法是灵活多样的，诸如榜样感染法、目标训练法、任务分配法、习惯训练法等。

·应对方略·

一、重视责任感培养

1. 为什么要培养责任感

责任感（责任心）是一个人对自己和他人、对家庭和集体、对国家和社会所负责任的认识、情感和信念，以及与之相应的遵守规范、承担责任和履行义务的自觉态度。人只有具备了责任感，才能明白有很多有意义的事情需要自己去做，才会自觉主动地做好分内、分外的有益的事情，产生驱动自己一生勇往直前的不竭动力。

有心理学家对全世界100位各行各业的杰出人士做了一次问卷调查。

其中61位杰出人士是在自己并不喜欢的领域里取得了辉煌的成绩。驱动他们做出努力的不是兴趣，而是责任感。“任何的抱怨、消极、懈怠都是不可取的。唯有把那份工作当作一种不可推卸的责任担在肩头，全身心地投入其中，才是正确与明智的选择。”

缺少责任感就缺乏向上的动力——学生不肯认真学习，上班族不想好好工作，经营者昧着良心赚钱……没有责任感也就没有道德，在交往中是损友，在家中是败家子、不孝子，在公共场所内举止不端惹人厌，在社会上不履行法律规定的义务。毫无责任感会使人发生异化，个性畸形发展，走向颓废沉沦，甚至产生反社会的心理倾向，做出不利于社会稳定和谐发展的事情。

2. 中学生责任感情况调查结果

自我责任感：认为自己的衣物主要应由自己洗的，占 28%；应由父母洗的占 51%；谁有空谁洗的，占 21%。

家庭责任感：表示“可以承担一二项家务活”的，占 21%；“有空余时间就做，没空就算了”的占 37%；家务事由家长全包了的，占 52%。饭后主动洗碗的，占 39.8%；52.4% 的人认为父母为自己花多少钱都是应该的；当家里发生令人忧愁的事情时，仅有 25.2% 的人会尽自己的力量为家庭分忧。

集体责任感：51.5% 的人不关心班级事务，也不愿意当班干部；50.5% 的人承认，能否遵守学校规章制度和中学生行为规范、举止是否文明，要视自己的心情而定。

社会责任感：51.5% 的人看见有人随意横穿马路时，也会跟着做；27.2% 的人在公交车上不主动给老弱病残孕让座。

国家责任感：35.5% 的人不同意“天下兴亡，匹夫有责”的说法，18.5% 的人赞同“宁可我负天下人，不可天下人负我”，有 1.4% 的人认为“‘人不为己，天诛地灭’是天经地义”。

二、培养自我责任感和家庭责任感

1. 从认识上引导

父母可以回忆自己当初怎样自我服务、自我管理，讲述自己辛劳的一天，说一说哪些事情让自己觉得很疲惫，希望得到孩子的哪些帮助，打算怎样把家庭经营得更好，希望孩子参与哪些事务。让他想一想：我应为家里做些什么？我已经做了些什么？我还能做些什么？让他明白对自己做的任何事都要负责任。

2. 从情感上激发

父母要把自己的爱传递给孩子，让他感受到：父母让我承担一些家庭事务，并非父母贪图轻松，而是为了培养我日后立足社会、成家立业的能力，是父母爱我的表现。

最好让烦琐的家务事带有趣味性，让孩子喜欢做。例如进行“我为咱家做贡献”“厨艺比拼”“中秋节活动设计”“新春家居布置”等比赛活动，既满足孩子“好玩”“能赢”的心理需求，又增强了他的家庭责任感和做事能力，激发爱家情感，引发家庭责任行为。在“好玩、喜欢”的基础上升华，慢慢引导他把为家庭出力视为“我应做的事”“我愿做的事”。在孩子完成任务后要肯定他，在他做得好的时候要表扬他，让孩子品尝尽责之后的喜悦，切记不要采取“布置任务，强令执行”的方式。

3. 从行为上体现

（1）督促从平时小事做起。让孩子明白“长大了”的主要标志不是叛逆，而是自理。家长不再鞍前马后端饭倒水地照顾他，而是放手让孩子去做他力所能及的事情，从每日家中最常处理的事情做起。可以采用任务分担法，实行责任制，每人各负责一些事。如果是孩子以前没做过的事，家长要事先说明方法、提出要求，鼓励他认真完成；如果孩子遇到困难，家长可用言语指导，但不能包办代替，要让他有机会把事情独立做完。

培养孩子在照顾好自己的基础上关心他人，比如为晚归的父母准备晚餐，每逢家人生日时准备礼物贺词。一位初中生在体验日记中写道：“当奶奶看到我用当家一个月好不容易攒下来的100元钱为她买来的生日蛋糕时，她高兴得热泪盈眶。我也深深地感受到了家的温暖。”可以委托孩子每天记家庭日用帐，了解家中的收入和支出，以主人翁态度自觉节约开支，亲身体会到持家的不易和尽职的快乐。

家长多采纳孩子关于美化家庭环境、全家出游或参加公益活动等的合理建议，使孩子感到自己为人所需，产生自豪感和责任心。

（2）把家庭困难作为教育契机。每个家庭都难免会遇到困难忧烦，这正是培养孩子家庭责任感的绝好时机。父母要敞开心扉，讲一讲工作的困惑、家事的纠缠、经济的拮据、自己的犹豫，让孩子适当了解一些自己的忧虑和难处；提出一些问题，请孩子大胆发表见解，让孩子有机会为父母分忧解难、为家庭承担责任。父母、祖辈生病或发生意外事故时，孩子一定要用行动表示关心孝敬。

让孩子对父母的工作经历及家庭的日常事务进行了解分析，也能帮助他明白世事、理解生活，形成判断与处理事务的能力，为培养社会责任感打下基础。

（3）做事要有始有终。初中孩子的坚持性不强，往往做事虎头蛇尾或有头无尾。交给孩子做的事情，不论大小，父母都要检查、督促和评价。父母可以采用一定的奖惩方法，督促孩子认真履行职责。

（4）让孩子承担责任。孩子有时不能预知自己的某种做法会造成什么不良影响，做事没有信念感，完成度不够。父母应让孩子学会自己承担后果，为自己的失责付出代价。如孩子老是乱拿乱放东西，急需课本时半天找不到。这时家长不要帮忙，要让他自己费时费力地去找，他找得时间越长，完成时间就越晚，休息得也越晚，留下的印象就越深刻，以后就会把东西放在固定的地方。

孩子犯了错误，应敢于承认并改正，不能推诿客观、归罪于人。如果孩子能自动承认错误，家长就不必严厉责备惩罚他；如果孩子明知故犯，家长就要严肃批评，启发孩子反省检讨，错误严重时要给予处罚。若孩子无意中伤害了别人的自尊心，要让他道歉；若孩子到亲戚朋友家做客，不小心损坏了他人的物品，要让孩子用自己的储蓄赔偿。

三、培养集体责任感和社会责任感

1. 在学习过程中培养责任感

引导孩子把好好学习当成自己必尽的责任：学校布置的所有任务必须自己完成，上课一定要管住自己，专心听讲，积极参与课堂活动；放学回家后必须先做完作业才能玩，每科作业都必须按时保质地完成；平时经常复习，考前集中复习，即使不能考取高分，也必须尽力而为。当孩子完成学习任务之后、学习取得进步之时，家长要及时肯定、表扬，让他体会到成功的喜悦。

2. 在集体生活中培养责任感

让孩子说说：一个学生在学校里要做些什么？应该怎样做？我做得怎么样？怎样可以做得更好？希望爸爸妈妈给我什么支持、指导？鼓励孩子积极参与日常的班级活动和班级管理，比如打扫卫生、班会、团体演出、运动会等，主动承担责任，并有始有终地坚持把事情做好，对自己所做的事情负责。

关键词 诚信

在冲突中建立诚信意识

小倩在小学年年都能拿奖状，到初中后就跟不上学习节奏了。一次，她在英语测试中考了全班倒数，老师要求同学们把测试卷带回家让家长签字。小倩感觉面子上挂不住，擅自“代签”了爸爸的名字，被英语老师识破，告知家长。

妈妈很生气，忍到女儿放学回来，尽量心平气和地问：“你的英语试卷为什么不找爸爸妈妈签字？”小倩轻描淡写地说自己昨天忘记把试卷带回来了，早晨要交还老师就代签了爸爸的名字。爸爸质问小倩是不是撒谎，因为他昨天检查作业时问过有没有什么需要签字的，她回答没有。

面对一向严格的爸爸，小倩有点害怕了，妈妈顺势引导她说出实情。鉴于孩子承认自己作假说谎了，父母没有责骂她，而是趁机教育她：学习上有困难挫折要勇于面对、设法解决，不能回避甚至欺骗。做事没有原则、不讲诚信、弄虚作假，以后会铸成大错。小倩承诺以后不会再发生类似的事情，会做一个诚信的人。

此后，小倩学习英语认真了很多，再没发生过造假之类的事情。

·案例分析·

初中的孩子，自尊心很强，但坚持性较差，缺乏克服困难的勇气和毅力，在学习上感到困难或遭遇挫折时，有时会选择逃避或作假。

小倩读小学时成绩优秀，自信心和自尊心一定也比较强。进入初中后，父母对她的期望值较高，面对不堪的英语成绩，小倩内心十分纠结，害怕面对爸爸妈妈的失望，便作假代签试卷，想蒙混过关。伪造家长签名，是性质恶劣的欺骗行为，但有些学生却觉得无所谓。究其原因，是缺乏诚信教育，以及社会上诚信氛围的缺失。

幸运的是，小倩的父母没有把女儿打骂一顿了事，而是循循善诱、就事论事，淡化了她内心的惧怕，正确地疏导了她的心理困惑，引导小倩勇于面对学习中的困难，并设法解决，而不是逃避。在此事件中，父母的冷静和正确的处理方式，促使了孩子诚信意识的建立。

孩子说谎的原因可能是：

（1）父母太严厉粗暴，孩子害怕挨打或者受罚。

（2）家长自己说假话、无诚信，大人不良示范，孩子有样学样。

（3）为了避免一些不想做的事情，制造推脱的借口。

（4）作为一种适应方式，以吹牛夸张获得同伴的羡慕和赞扬。

（5）张口就来的习惯性说谎，这是一种心理障碍，无序的或病态的谎言可能是精神疾病症状。

家长应密切关注孩子是否有以上情况，加强对孩子的诚信教育，打牢养成优良品德的基础。

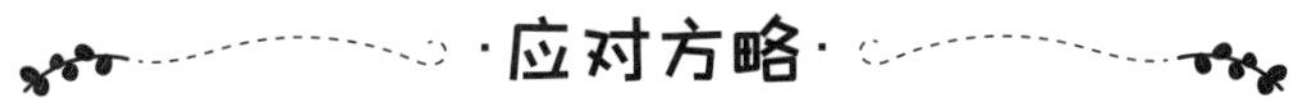

应对方略

一、教育孩子树立诚信意识

千百年来，诚信被中华民族视为自身的行为规范和道德标准。对人守信，对事负责，是诚信的基本要求。诚信应该是良好的家风家训，诚信教育应该是家庭教育的重要内容。

父母要始终如一地要求孩子守信用、负责任，可以在家里讨论诚信的重要性，讲名人和道德模范诚信正直的故事；

针对社会上坑蒙拐骗的行为，态度鲜明地进行批判。强调诚信是人的立身之本，一个言而无信的人在社会上是难以立足的；要求孩子在不发生错误时勇敢承认，绝不隐瞒。

在教育孩子不撒谎的同时，也应让他明白“讲诚信”和“讲策略”的关系，不得已的“善意的谎言”不等于不讲诚信，比如亲人对危重病人隐瞒病情，告诉他问题不大，鼓励他战胜病魔；战士牺牲了，战友们怕他体弱的父母难以承受，说他执行特殊任务，不能与家里联系。这些特殊情况下的“假话”出于善意，是保护他人的一种手段。但是，“善意的谎言”不能滥用为不诚信的借口，孩子做错了事，不能以怕父母受刺激为由而隐瞒真相。

孩子的个人品德修养也关系到自身学习成绩的优劣。学习科学知识技能需要脚踏实地，“知之为知之，不知为不知”，来不得半点虚假。父母要帮助孩子树立苦学深钻的学习态度，不能投机取巧走捷径。面对不理想的分数，要思索提高成绩的对策，而不能把心思用在如何掩盖（例如编谎话）、逃避（例如不给父母看试卷），甚至作假（例如假造家长签名、篡改分数）上。要让孩子认识到：制造假象、欺瞒父母，是可耻的，也是危险的。对父母、对自己都不讲诚信的人，品德低下，为人所不齿。

二、转变不合理的关注点

家长要明确自己对孩子应关注什么：只聚焦于学习，还是全面关注他的身心健康成长？对学习，只关心考试的结果——成绩，还是全面关注其学习过程——他的学习态度、学习方法、思维品质、情绪特征、时间支配等？关注学习过程比关注成绩更重要，家长不要一味盯着分数，要减轻孩子对考试分数的心理压力，减少诱发篡改分数、伪造家长签字等不诚信行为的因素。

不姑息不诚信行为，一旦发现孩子言行不一、欺骗作假，一定要及时指出、严肃批评，督促孩子认真履行自己的承诺。千万不要觉得事情无关紧要就视而不见，致使孩子不断强化不诚实行为，形成不讲诚信的坏品性。

三、设立恰当的成长期待

个体是千差万别的，家长要很好地了解自己的孩子，对他设立恰当的成长期待，并恳切地向他表明自己的期待，提出治学、为人的具体要求。这个要求要是孩子在某个阶段经过努力能够达到的，等他达到之后再提出进一步的要求，不断激励孩子更加努力，步步登高。当孩子取得了实实在在的进步，有真实的成绩可以展示，就不需要弄虚作假。相反，如果家长对孩子的学习没有要求或要求过高，会造成孩子学业上的失败或心理上的扭曲，使孩子失去学习的信心与兴趣，甚至编造谎言来哄骗家长。

四、培养诚信的心理策略

1. 满足孩子的合理要求

孩子不诚信的行为大部分是出于某种需要，如果父母对其合理需要过分抑制，孩子就有可能以某种不诚信的行为来满足自我需要。父母应该仔细分析孩子的需要，尽量满足其中合理的部分。孩子捏造理由要钱，往往出于对不正当利益的诉求，父母要平静地向孩子说明这个要求的不合理之处，自己为什么不能满足他的要求，同时要摆明态度——坚决禁止孩子制造借口欺骗父母的行为。让孩子懂得，讲不讲诚信不能从自己的私利来考虑，任何情况下都要尽到做诚信之人的本分。

2. 不要随意怀疑孩子

对孩子提出了具体要求，就要放手让孩子自觉实施。有的父母要求孩子吃完饭在房间里学习一小时，可是每隔几分钟就进去看一下孩子是否在偷懒；父母叫孩子去买一件东西，却盘问孩子是否把剩余的钱买零食吃了。父母的这些行为会让孩子感到不被信任而产生委屈，同时知道了“原来可以这样”，干脆就把父母的怀疑变为行动，用撒谎蒙骗来对抗父母的监督；父母随之认为自己的怀疑是有根据的，这就更加滋长了亲子间的互不信任。

3. 制定简单的规则

亲子双方就某方面做出约定，约定规则应该简单扼要，让孩子容易遵守。不要一下子制定很多、很复杂的规则，更不要制定孩子难以做到的规则。简单易守的规则让孩子感到遵守规则是一件并不困难的、愉快的事情，“签约”了能够做到，答应了可以兑现，让孩子自信而不感压力。

4. 发挥示范效应

孩子很容易受到父母某种行为的暗示。如果父母言行不一，不履行承诺，孩子就会受到暗示——不守信行为是被允许的，既然爸爸妈妈都这样做，我为什么不可以？于是这些经验引发了孩子不诚信的行为，这种情况下家长也难以开口教育孩子。家长应以诚实守信的形象做出示范，不说谎话，不随意承诺，答应了就要兑现；如果讲了假话、未兑现承诺，就要抛开面子向孩子承认错误。

5. 适当实行“认错不罚”的原则

如果孩子主动承认了自己的过失或错误，家长可以视情况减免对孩子的处罚，培养孩子勇于认错的态度，但前提是引导并教育孩子知错就改。

6. **不轻言放弃**

不随便变更规则，面对孩子的反抗不要显得手足无措，更不要轻易妥协、放弃，或给孩子开例外的绿灯。要坚持没有“下不为例”，坚定的原则可以让孩子感到一贯、稳定、安全，摇摆不定则会让孩子无所适从、藐视规则、不讲诚信。

关键词 情绪管理

不做情绪的奴隶

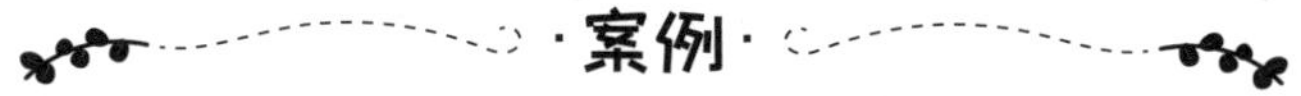

在食堂吃午饭时，小孙说小刘抢女生的饭吃，要告诉老师，小刘就对小孙骂脏话、掐脖子、拳打脚踢。

过了几天，小刘妈妈给班主任打电话哭诉："临近期末考试了，我儿子还在打电脑游戏，我要关电脑，他坚决不让关。我们推搡起来，我给了他一巴掌，他像发了疯似的把我推倒在地，一边打一边骂脏话。我要给他退学！这孩子太让我失望了！"

光看外表，小刘是个阳光男孩，一米七五的个头，斯文帅气，运动、朗诵、摄影样样在行。他的母亲以前是一个女强人，生下他后全职在家，对儿子尽心照料、期望很高、管教极严。

离开职场的失落感使她对儿子的任何缺点错误都零容

忍，小刘偶尔有点小毛病、小脾气，妈妈总是用“武力”让他屈服。即使孩子说得对、做得好，她也从不夸奖，怕他骄傲。小刘从小行事就必须处处小心，不能有所差池。表面的温顺掩盖着他内心的愤怒，积累的压抑在寻找爆发的时机。

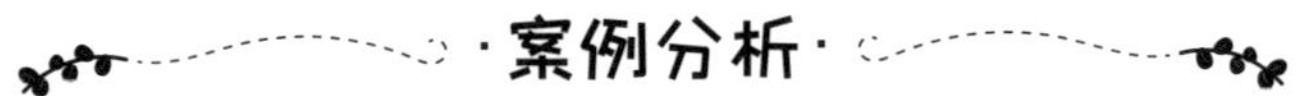

·案例分析·

在易于被激怒的母亲的冰冷严管和粗暴高压下长大的小刘，情绪自然也极不稳定，一发脾气就容易产生暴力倾向，一旦觉得自己被冤枉或利益被侵害了，他的不良情绪就会全面爆发，无法控制，甚至辱骂殴打同学和母亲。

情绪调控能力必须通过训练、学习才能形成，培养方法并非主要依靠讲道理，而是更强调感受、体验、理解和反应。

家庭是人类情感最美好、最丰富的资源所在地，也是情感习得的启蒙学校。每个家庭都有一种占优势的情感氛围：快乐或愁苦、轻松或压抑、开朗或沉闷。夫妻应共同努力营造愉悦的家庭情感氛围，这是孩子形成情绪调控能力的重要条件。每一位父母都有一项很重要的工作，那就是重视孩子的情感需求，帮助他学会管理自己的情绪，拥有高情商。

父母首先要善于管理自己的情绪，然后才能教孩子学会管控他自己的情绪。小刘妈妈过分严厉无情的教育方式使家中弥漫着紧张不安的气氛，儿子心底涌动着恐惧愤恨的岩浆。她又完全忽视了对孩子进行情绪管理教育，致使小刘不会合理宣泄不良情绪，而是仿效母亲的暴力方式。

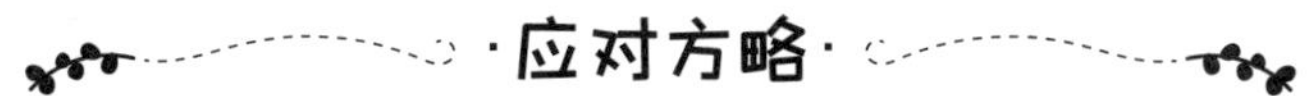

·应对方略·

一、重视情绪管理教育

积极情绪令人思维敏捷效率高，实验表明：记忆相同数量的内容，经过相同时间后，情绪不好的学生忘记所记忆内容的 25%，情绪好的学生仅忘记 5%。

觉察情绪、表达情绪、利用情绪，是情绪管理的三要素。情绪管理的能力也就是通常我们所说的“做情绪的主人”，一是能充分表达自己的情绪，又能把握表达情绪的分寸和方式；二是能适当控制消极的情绪冲动（任性、执拗、侵略性、攻击性等偏颇情绪），鼓励自己保持愉快的心境。管理情绪不等于一味压制情绪，而是既有控制，又有宣泄，而且能够及时摆脱不良情绪，保持积极的心境。

情绪调控能力不一定会随着年龄增长而自动提高，更多地需要教育培养和良好环境的熏陶，初一、初二孩子的情绪调控能力可能比小学高年级时还有退步，情绪易受周围事物影响，情绪爆发激烈，内心体验会明显地表现出来。在学校里，孩子在学习或交往中难免会产生一些消极情绪，因怕受老师批评、同学非议而强加抑制，把积压的消极情绪带回家里发泄，因一些琐事跟家长过不去。父母对此不要计较，可温和地帮助孩子调控情绪。

二、不捆绑双方的情绪

1. 不把自己的消极情绪转嫁给孩子

家长也会出现各种不良情绪，注意不要让自己的恶劣情绪影响孩子的情绪。有的父母自己心情不好，就看孩子怎么都不顺眼，找碴把孩子当出气筒。自己心情不好，就对别人态度不好，造成对方也心情不好，这叫“情绪绑架”。这种消极情绪转嫁的行为会让孩子感到心理不平衡，总是生活在担惊受怕的不安全环境中，积极情绪被压抑而难以发展。

家长要对自己的情绪负责，如因与孩子无关的事产生不良情绪，不要不耐烦地呵斥孩子：“烦死啦！你就不能让我省点儿心吗？”而应婉转地跟孩子说：“我因为别的事情这会儿心情不好，让我静一静、想一想，等情绪好了再说，好吗？”这样，孩子就能学会当自己情绪不好时，先冷静一会儿再说话做事。

2. 接受孩子的不良情绪

家长不要因为孩子情绪不好，就影响到自己，从而产生不良情绪。有时孩子乱发脾气，妈妈也跟着心烦意乱，对爸爸发脾气；孩子哭泣或阴沉着脸不说话、不吃饭，爸爸也忍不住心里有火："又有麻烦了是吧！问你也不吭声，我为你付出了这么多，你怎么这样！你什么时候才能懂事？"爸爸这是被孩子的不良情绪所"绑架"了，导致了整个家庭气氛的恶化。

对于孩子的消极情绪，父母不要趋同，也不要否认、压制、贬低和怀疑，更不可"武力镇压"。当孩子的情绪不佳时，父母要设法理解其原因，承认这种情绪有一定的合理性，予以安慰，不要火上浇油激惹孩子。

当孩子闹情绪时，父母只有先管理好自己的情绪，才能抚慰孩子的情绪。要跳出因父母与子女的不平等产生的权力陷阱，克服如暴躁、武断、独裁，以及动辄施以威胁或惩罚等不良的情绪表达方式，要用理智的方式获得孩子的信任，成功化解其不良情绪。

父母把自己的情绪和孩子的情绪捆绑在一起，犹如把炸弹和地雷捆绑在一起，互相助长不良情绪，冲突愈演愈烈，结果可想而知。理智的父母会尽量把自己的情绪跟孩子的情绪、行为分开，自己的劳累和委屈，自己去解决，不做不合理的捆绑挂钩；同时教育孩子对自己的行为和情绪负责，教给他情绪处理的办法，让孩子练习自己控制和处理自己的情绪。家长要注意不能因为孩子发脾气就满足其不合理的要求，让他尝到乱发脾气的"甜头"。

三、引导孩子处理情绪的要点

1. 认同自己，进行积极的自我暗示

要让孩子喜欢自己、接纳自己。自卑的孩子不喜欢、不接纳自己，总觉得自己不如别人、别人看不起自己，所以十分苦恼，还可能迁怒于父母，恨他们把自己生得丑了、笨了。家庭要给孩子自尊心、认同感，父母要用欣赏的眼光鼓励孩子，让他产生积极的自我认同，获得安全感。当孩子遭遇嘲笑或挫折时，家长要引导他用积极的自我暗示安慰鼓励自己，比如“我现在是丑小鸭，总有一天会变成白天鹅”“我不像他们说的那么差”“这次考砸了不算什么，还有无数次考试在后头，我会一次比一次考得好”“我不跟你们比名牌，要比就比成绩”“我虽然数学不如你，可是每门功课都很平均也都还不错”。

2. 认识情绪，恰当表达情绪

让孩子认识各种情绪（特别是过激情绪）的特征和后果，再教给他一些情绪表达的方式方法，让他学习以恰当的方式表达自己的情绪。通过亲子对话，引导孩子说出他此时此刻真实的感受，表达自己的情绪，并发现产生这种情绪的原因。让他知道各种情绪可能引发的心理效应，掌握表达情绪的多种方式，例如表达愤怒可以不甩门砸碗、爆粗口动拳头，表示兴奋不一定要狂笑大叫、干扰他人。不管自己的某种情绪多么强烈，表现的方式都要恰当、能被社会所接受，不给他人造成不良影响。

3. 将心比心，洞察他人情绪

引导孩子设想自己的情绪和言行对他人的影响，回忆并分析事情的前因后果，从他人的情绪和行为反应中，领悟到：积极情绪能让自己和他人快乐，消极情绪则会给自己和他人造成痛苦，不利于事情的解决。在人际交往中要学会照顾他人情绪，发现自己的情绪和行为对他人的情绪和行为造成消极影响时，要迅速调整自己的言行，发现对方神态不对，就要知趣，赶快收敛。

4. 乐观生活，保持积极心态

父母对生活要有乐观的态度，遇到不顺心的事，不要唉声叹气、怨天尤人，而是冷静地想办法走出困境。在乐观向上的家庭氛围中成长起来的孩子，必定具有阳光的心态。

引导孩子学会乐观地面对生活，多与孩子一起感悟美好事物，交流各自的体会；一起设想经过努力可能实现的美好前景，让他用语言描绘心中的梦想；帮助孩子克服他难以独自战胜的困难。

5. 给以机会，自行处理情绪

孩子一发火，父母本能地想“救火”，孩子一哭泣，父母就想赶紧去“止雨”。其实家长们不必急于采取紧急措施消灭孩子的不良情绪，而应给他自己处理不良情绪的机会，让他感受、识别自己的情绪，体验消极情绪给自己带来什么后果，尝试自己平复下来。

当你发现自己的孩子情绪不佳时，如果孩子不需要帮助，那你就走开，给孩子冷静思索的空间，往往父母一走开，孩子很快就没事了。如果孩子真的发作起来，父母也不一定非要言语劝诫，可以拍拍他的肩，给他一个拥抱，露出理解的微笑，轻轻点点头，这类无言的支持有时效果会更好。

如果孩子特别不讲理、闹得比较凶，或者父母真的动气了，此时父母必须先自我克制，可以捧一本书，静静地坐在旁边。等彼此都冷静下来之后，父母再严肃而态度平静地跟孩子沟通，帮孩子看清自己行为的后果。当孩子自觉理亏时，他的理智就会开始恢复，也就战胜了自己的不良情绪。在这个过程中，如果父母能保持中性态度，会帮助孩子更快更好地平复情绪。每多一次自己平复情绪的经历，孩子的情绪控制能力就得到了一次锻炼。

关键词 耐挫力

挫折总是难免的

·案例·

这天放学，妈妈去接慧慧。一向爱面子的女儿竟主动要求妈妈当着她好友的面说出自己的缺点，妈妈感到十分反常。

回去的路上，慧慧坐在车上默默流泪，妈妈反复询问原因，她只是摇头。回到家，在父亲的耐心询问下，女儿终于说出了原因。慧慧的成绩一向优异，这次班级公开竞选“学生标兵”，她自信满满，但没想到好多同学都没有投她的票，这次落选令她很难受。

妈妈主动跟女儿谈心：“如果把成功比作一座大厦，顽强的意志、坚韧不拔的毅力就是撑起大厦的柱石。古今中外的伟人名家无不经历过坎坷艰难而后获得成功。一个人如果总是生活在顺境之中，那他一旦碰到挫折或者不如意就会无法承受，最后的结果只能是失败。就像媒体上报道的，缺乏耐挫力的大学生竟因微不足道的小事采用极端手段残害同学。你应该感谢这次竞选失败，让你看到自己的不足，锻炼了你的抗挫能力。”性格开朗的慧慧笑道：“我懂了。我早就没事了，我才不会那么极端呢，下次再争取吧！”

·案例分析·

如果孩子的生命是一艘航船，挫折就是他前行道路上的风浪。让孩子经受点挫折，是一种锻炼，能提升他的认知和反思水平，增强其承受力、耐挫力、自立能力，有利于开发非智力因素。

慧慧表现优秀，一向自信而有优越感。但这也让她过高地估计了自己，以致落选后产生了较大的失落感。幸好妈妈及时发现了女儿的反常，爸爸能耐心地与女儿沟通，让她说出心里话。父母在第一时间给予孩子关心指导，既客观冷静地指出女儿的不足，又充分肯定了孩子身上的闪光点，让她保持前进动力和阳光心态，加之慧慧性格开朗，很快就化解了心中的郁闷。

有些家长片面理解“赏识教育”，对孩子一味地夸奖，忽略了对其应对挫折的指导，以致孩子只受得了吹捧、经得住顺境，一遇到逆境、受到挫折就“决堤塌方”。有些家长以为“挫折教育”就是故意不兑现承诺，让孩子出乎意外，愿望得不到满足，产生不快和失望；或叫孩子做超出能力的事情，从而品尝失败和自责。其实，耐挫锻炼或挫折教育是当孩子在现实生活和学习中受到挫折时，家长善于抓住时机，帮助孩子克服困难，培养意志品质，不因一次受挫就萎靡不振，而能鼓起风帆，继续乘风破浪。

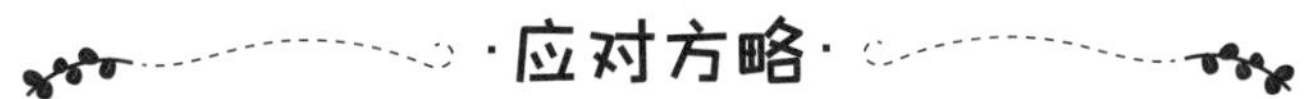

·应对方略·

一、正确认识挫折和耐挫力

耐挫力是指摆脱困境，使人的心理免于失常的能力。耐挫力强的孩子，在遭受挫折时既能保持冷静、忍受挫折，又能摆脱挫折、树立信心、继续进取，形成坚韧不拔的个性。孩子如果耐挫力弱，在遭受挫折时就会消极悲观，丧失信心，失去前进的动力和目标，形成不良的个性。

人在遭受挫折时，会引发一些心理反应和行为：

（1）情绪方面：焦虑、压抑、气馁、畏缩，灰心丧气、敏感多疑。

（2）理智方面：屡受挫折会抑制心智活动，思维变得迟缓、刻板，还会把失败归咎于他人，为自己寻找推诿的借口。

（3）性格方面：悲观失望、沉默寡言、孤独自闭、郁郁寡欢，或相反，暴躁易怒、喜欢挑衅、破罐破摔。

（4）生理方面：遇挫紧张时，脸红出汗、呼吸急促、想吐、尿频、神情恍惚、食欲减退、失眠健忘，甚至产生轻度的身体疾病。

（5）行为方面：表现出直接或间接的攻击行为，如挖苦、打骂同学，破坏、偷窃财物，破坏纪律，厌学、作弊等。

父母可据此判断孩子是否遭遇挫折。特别要当心孩子受挫后是否发生攻击、破坏、报复等行为，违反社会规范，甚至触犯法律。近年来，学生因成绩不理想离家出走，因小事与同伴发生矛盾而伤害对方，因受老师批评而患精神分裂症，因父母管教过严而轻生，因早恋不成而双双“殉情”之类的案例频繁见报，震惊社会，也引人深思：孩子们面对困难和挫折时怎么会如此消沉或极端？我们的教育到底忽略了什么？

二、列出孩子可能遭遇的挫折

父母和孩子一起列出孩子在学校中可能遇到的各种挫折情境，例如：

1. 学习方面

答不出老师的问题、做不出练习题，不能高效地完成作业，父母也不会辅导，结果考试成绩不佳；没遇到理想的老师，觉得自己不被老师和同学欣赏，没机会表现自己的才能，得不到肯定性的评价。

2. 人际关系方面

老师对自己印象不好或有偏见；与同学相处不和谐，被欺负、受嘲笑，没有知心朋友，常遭人议论；与家长缺乏沟通，受压制或爱抗逆。

3. 自尊心方面

经常受批评、讥讽或被变相体罚，常被误解而受委屈，不被理解和信任；上初中后成绩下降，未被委以职务，竞选班干部失败或被撤职，争取入团未被批准；未被社团吸收为成员，兴趣爱好得不到老师和家长的支持；各类竞赛中未获名次。

4. 自信心方面

付出了很大努力，却未达到预期的目标；学习计划常不能落实，工作计划被同学否定；考试、升学临近却毫无把握；忽然觉得自己什么都不行、做什么都不会成功。

5. 生理方面

因有生理缺陷或相貌不佳而被取笑，女生嫌自己太胖、男生嫌自己太矮，因而自卑；因疾病或某种身体条件所限，不能参加文艺演出、体育比赛等。

列出可能遇到的挫折情境后，进行亲子讨论：你曾经或可能遇到什么挫折？应该如何对待？以前遭遇挫折时的心态和应对方法是否恰当？以后再遇到挫折时将如何应对？

三、进行耐挫锻炼

1. 勿用溺爱剥夺孩子的耐挫力

家长的责任不是为已经长大的孩子遮风挡雨，抱着他越过一切挫折沟坎，而是指导他在风雨中磨炼、在挫折中成长，直面人生的不如意，在通往理想的道路上迈出坚定的脚步。如果孩子一遇到一点困难，家长就一马当先为孩子抵挡，不辞劳苦为孩子解决，孩子当然乐得当“甩手掌柜”。于是孩子越发不知人间艰苦，受不得任何挫折委屈，缺乏坚强意志，遇到挫折便心灰意冷。到了风狂雨骤的社会上，如此娇嫩的花朵该怎样存活？

家长要正确理解并利用挫折的教育价值，抓住时机，因势利导，让孩子在实际生活和学习中经受挫折，克服困难，锻炼意志。

2. 强化应对挫折的心理准备

家长自己要做好心理准备：虽然家长都希望孩子一帆风顺、万事如意，但这只是美好的希冀，举步维艰、不测风云倒是生活的常态。孩子在成长过程中有磕磕绊绊是必然的，父母不必过于心疼焦躁、替孩子扛住一切困难，而要让他们自己扛住生活中的各种不快不顺，磨炼抗挫能力。

家长要帮助孩子做好心理准备：人生中有称心、顺心、开心的时候，也有堵心、闹心、伤心的时候，哪有不劳神费力而轻松成功的事？更有可能是劳了神、费了力也不成功呢！成功是人人渴望的目标，却不一定都能达到；挫折是人人必然的经历，想躲也躲不掉。但挫折也是逼人前行、教人成熟的人生财富。

要让孩子懂得考得好、获得荣誉、当了班干部，不应沾沾自喜、傲慢待人，而应无私地和他人分享经验；考得不好、成绩下降、未获荣誉、没选上班干部，也不必灰心丧气、嫉妒他人，应该坦然地为他人送去真诚的祝贺。不要因为受挫就降低自己的成就动机，减弱自控能力，产生偏激行为，损害自己的身心健康，而要“吃一堑，长一智”，化压力为动力，在挫折和失败面前不妥协、不灰心、不放弃、不逃避，继续寻找解决办法，经受住大考验，获得大长进。

事实表明，当挫折降临时，没有心理准备，挫折的消极影响就可能加大；强化了心理准备，出乎意料的挫折也成了“意料之中”的事情，从而减少挫折感。

3. 孩子为主体，父母为主导

耐挫训练的主体是孩子本人。孩子就像运动员，而父母就像教练，指导孩子主动锻炼、自觉提高。父母应当鼓励孩子在跑步、游泳、攀岩、登山、野营、军训、旅行等有冒险性、困难性的活动中，体验顺境和逆境、成功和失败、幸福和苦难，从而增强毅力，磨炼意志。

引导孩子正确应对挫折：与同学闹僵了，应当采取宽容的态度，主动接近对方，做出道歉或接受道歉，化解矛盾；竞选班干部落选，想想为什么，怎样改进，争取下次改选时成功。

家长对孩子的指导要抓住时机、设计情景、把握分寸、讲究方法、随时指导。

（1）随机利用或设置真实的挫折情境，鼓励孩子自觉进行锻炼。要考虑孩子心理耐受的水平，让孩子承受得了、实现得了。绝不是越难越好，也并非越苦越锻炼人。挫折程度和频率的设置，应遵循内在的程序，由低到高、由易到难、由近及远，由单项到综合。成效如何取决于是否把握适度性。

在日常生活中，不对孩子有求必应，拒绝过高的物质要求；让孩子做一些接近他能力上限的较困难的事情，带孩子与比他更优秀的人接触；等等——这些也可算作“设置情境”“制造困境”，让孩子受一些小小的挫折。当孩子心理上产生失落感时，家长就可以适时地进行引导。这样他们的心灵才不至于一触即溃，不会以自我为中心、目中无人，才会变得谦和有礼，才能慢慢养成坚韧的性格、理性的思维、自控的能力。

（2）帮助孩子设立适合自己的抱负水平，既不要自信不足、无所追求，也不要盲目自大、好高骛远。

（3）抓住教育时机。孩子受到的每一次挫折都是很好的教育契机，家长要及时把握。当家庭发生重大事件时，父母除了设法应对事件本身之外，切不可忽略了对孩子进行心理疏导。例如父母离异会给孩子带来心灵上的创伤，产生严重的自卑心理或报复心理。在此情况下，爸爸妈妈都要用不变的爱弥合孩子破碎的心，告诉孩子："我们离婚不仅使你受到伤害、遭遇挫折，也是我们人生的巨大挫折。但爸爸妈妈分开是因为我们两个人之间的问题，分开后依然都是爱你的，你并不是没有爸爸或妈妈关爱的孩子，不必觉得抬不起头来。"此后，父亲和母亲各自要倍加保护孩子的自尊心和自信心，帮助他走出家庭破碎的阴影。

孩子在外犯错受挫，最需要心理支持，家是他最后可以依靠的港湾。父母一定要强化家庭慰藉、温暖、平复、支持的功效，不能斥责奚落孩子，让孩子失去最后的依靠；要让孩子敞开心扉倾诉苦闷，认真聆听孩子受挫的心声，鼓励他、扶助他拨开心头阴云重见光明，从失败走向成功。

关键词 尊重天性

“女汉子”难成“淑女”

·案例·

婷儿一出生，妈妈就立志把她培养成一个窈窕淑女，可婷儿从会走路、会说话起，就是一个活脱脱的假小子。上了初中，她还是走路一阵风，说话大嗓门，跟淑女完全搭不上边。

婷儿性格爽直豁达，爱憎分明，认为该做的事一定要做到。她也有女孩子的细心、体贴，但她从不撒娇卖萌，不娇气，很少依赖父母。她喜欢篮球、足球、长跑等体育运动；看电视常选访谈、调查类节目，对综艺、选秀和衣服款式等话题不感兴趣；读书偏向益智、侦探、冒险、战争一类，不爱看言情小说。

妈妈总琢磨着如何将女儿扳到淑女的路子上来，而不是成为“女汉子”。有一次，妈妈在窗口听到婷儿在楼下和小伙伴高声说笑，看起来像个“女老大”，妈妈很不高兴地下楼制止，发现女儿的白衬衫上溅满了泥点、又脏又皱。

妈妈的火气一下子从脚底窜到头顶，把女儿拎进书房，让她面壁思过。婷儿很不服气，盯着妈妈愤愤地说："不就是弄脏了衣服嘛！有什么呀？我自己洗！"她换下衣服，气冲冲地跑进卫生间把衣服洗净晾好。

此后几天，婷儿收敛了许多，不声不响地看书画画，跟父母很少说话。爸爸埋怨说："好好的孩子干吗非要安安静静才行？听到她有说有笑不是更开心吗？"看着婷儿委屈的眼神，妈妈猛然觉得经过这番整治，女儿乖是乖了，却失去了一贯的机灵和快乐，家中也缺少了活跃的氛围。可真是"强扭的瓜不甜"啊！

为女儿具有男孩特点而苦恼的家长不止婷儿妈妈一个，几年前《杭州日报》曾刊登过一版讨论话题："女儿像个假小子，我要不要改变她？"

传统观念认为：男性特征包括粗犷独立、勇敢好斗、理智果断、攻击性强、具有权力欲等；而细腻体贴、感性温柔、善解人意、依赖性强、会照顾人等特征则属于女性。传统家庭教育也一直强调男女有别，认为儿子和女儿应培养的性格特征截然不同，孩子如果表现出异性的性格特点，就会被呵斥为“没有女孩或男孩的样子”。社会上，具有男孩特征的女孩常被称为“假小子”“女汉子”；而具有某些女性特征的男孩则被讥为“娘娘腔”。

有心理学家对两千余名儿童做过调查，发现：过于男性化的男孩和过于女性化的女孩，其智力、体力和性格的发展一般较为片面，智商、情商均较低，这些孩子的综合学习成绩不理想，严重偏科，缺乏想象力和创造力，遇到问题时要么缺乏主见，要么固执己见，难以灵活自如地应付环境。而那些兼有男性和女性气质的男孩和女孩，却大多智力、体力和性格发展全面，文理科成绩均较好，受到老师、同学的喜爱。成年后，兼有两性之长的男女既独立又合作，既果断又沉稳，既自信又谨慎，行事更灵活，社会适应能力较强，在竞争激烈的现代社会里，更能占据优势地位。

另一项研究认为，40% 的人是双性化性格。这些研究开启了教育的崭新思路——双性化教育，即在尊重孩子本性的基础上，有意识地培养孩子兼具异性性格中的良好特点。在我国的社会现实中，也确实可见优秀的女性很多具有敢于竞争、充分自信、勇敢果断等男性性格特点，成功的男性则具有敏感、仔细、稳重、关心他人等女性特征。

婷儿妈妈和其他有同样焦虑的父母无须担忧，更无须强行扭转孩子的双性性格倾向——那是好事，着什么急呢？当然，任何好事过了头就可能向对立面转化。孩子的性格，无论是外向型还是内向型、男性倾向还是女性倾向，都各有特点和优势，只要是积极、健康的性格就好，不需也不可强行扭转。

婷儿开朗活泼，只不过说笑声音大点，玩得太开心弄脏了衣服，这都不是错误，也算不上缺点，妈妈毫不留情的责骂显得有些过分。婷儿是个好孩子，自己洗了衣服，但对妈妈的责骂并非心悦诚服。她做出了妥协，暂时改变了作风，安静地看书作画，似乎向妈妈想要的淑女形象靠近。妈妈满意了吗？爸爸高兴了吗？没有！家中没有了女儿爽朗的说笑声，父母不但感到冷清，而且开始后悔和反思。这个案例启发每位家长思考：我到底要把孩子培养成什么样的人？

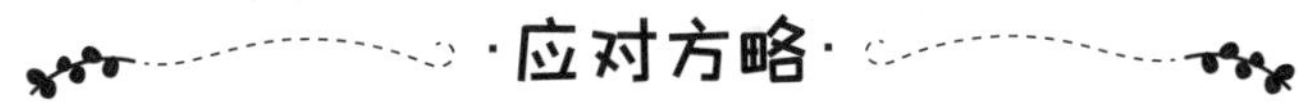

·应对方略·

一、改变传统观念

在教育孩子时，过于严格、绝对的性别定型（即男孩只培养其粗犷、刚强等男性气质，女孩只培养其温柔、细致等女性特点），会限制他们智力和个性的健康、全面发展。男孩过于粗犷、勇猛而缺少平和、细腻的气质，不会关心体贴他人，没有细腻的情感世界；女孩过于柔弱、内敛而缺少勇气、自立精神、竞争心及刚强的心理素质——这在社会适应、情绪调控、压力化解以及处理包括家庭在内的各种人际关系上，都比不上那些“双性化”的男女。女孩可能因此缺乏独立性和上进心，放弃对事业的追求和对自己的严格要求，最终难以成材；男孩可能变得刚愎自用、难解人意、冷酷，或变成工作狂。

但是关于双性化性格是否各个方面都优于男性化或女性化性格倾向，目前专家并未得出一致的结论。一项针对小学四年级到初中二年级学生的研究发现，具有过多异性性别特征的儿童，往往处于被同伴拒绝的边缘，自尊水平较低。

双性化性格并不是双性人或双性恋。所谓双性化，是指一个人同时具有男性气质和女性气质的人格特征，这是一种超越传统性别分类，更具有积极潜能的理想类型。双性化性格并非“不男不女”“中性化”。双性人是罕见的雌雄同体的人，双性恋是既与异性恋爱，也与同性恋爱。而双性化性格是指正常的健康人，具有一些异性的性格特点。

二、双性化教育要点

逐步兴起的双性化教育，是一种摈弃了传统绝对的单性化教育后应运而生的家庭教育新理念，提倡培养同时具有男性和女性性格特征的人。双性化教育不是抹杀性别差异，而是倡导男性或女性在发挥自己性别优势的同时，融合异性的优秀性格特征，促进人格的完善和发展。

一份来自华东师范大学的《“80后”女大学生性心理发展的调查研究》表明：近1/3的女大学生具有独立、爱冒险、竞争性强、有野心等男性气质，具有双性化的性别特征。

在家庭教育中，家长应避免对男孩只培养其粗犷、刚强等男性特点，对女孩只培养其温柔、细腻等女性气质。就个人而言，要想在事业、家庭、社会交际等方面都游刃有余，就应当努力培养自己的双性化性格，避免过于严格的性别角色定型。但家长和子女都要顺其自然，避免走向极端。

1. 鼓励相互学习

不论是男孩还是女孩，都应该主动向异性学习，克服自己性别上的天然弱项。例如，男孩多多学习女孩的细心、善于表达和善解人意，女孩则多多学习男孩的大度、坚定和奔放。

2. 增加接触机会

孩子应通过自然而然的接触向异性学习，家长应为男孩和女孩提供接触机会，小时一起玩耍，大了共同交流。对初中孩子，在预防早恋的同时，允许正常的异性交往。

3. 不宜区分过清

不少性格或行为特征，如热情活泼、独立自主、坚韧不拔、富有责任心、善解人意、温和善良等，应是男女两性共同具备的，不宜被视为某种性别所专有。家长在培养孩子时不宜区分过清，而应兼收并蓄——这正是双性化教育内涵的重要组成部分。

4. 避免极端

鼓励孩子向异性学习也要有分寸，避免男孩学过了头，变得女腔女调；女孩学过了头，变得狂放粗野——这就违背双性化教育的初衷了。

5. 顺其自然

在鼓励孩子向异性学习时，必须尊重和保护其天性，如果一味按照家长的想法和目标，使用威逼强迫的手段扭转孩子的性格，对孩子来说就是一种强制、禁锢、束缚和痛苦。孩子无法释放自己的天性，会造成性格上的扭曲或缺陷，令家长后悔莫及。

关键词 理性消费

零花钱的给与花

小徐升入初中后，父母每周给她固定的零花钱。一段时间后，父母发现女儿出现花钱大手大脚的倾向，有多少花多少，许多东西买回家用不了多久甚至根本不用，就扔在了一边。

父母取消了零用钱固定供给的制度，改为按需提供。没想到女儿编出各种需求要钱去买东西，妈妈好几次在收拾房间时发现她东藏西塞的饰品和零食。

父母再次改变策略，要女儿以劳动换取零用钱，在假期里让孩子承包部分家务，拖地板、擦桌子、洗碗，每天 5 元，检查不合格要扣钱。几天下来，小徐确实体验到了赚钱的艰辛不易，不再大手大脚地花钱了，但开始抱怨父母给的酬劳太低，每次劳动都要讨价还价，对报酬不满意就干脆甩手不

干。为了零花钱，父母和孩子陷入了一轮轮冷战。

零花钱，怎么给？怎么花？成为一些家长与孩子的烦恼。

案例分析

给孩子的零花钱在英国叫“兜儿里的钱”，在美国叫“津贴”。很多教育学家认为：孩子口袋里越早有钱，就能越快地适应成年后的生活。《富爸爸，穷爸爸》一书宣称：金钱是一种思想，智商、情商、财商，一个都不能少。如何支配财富是一种习惯，是一种思维方式，培养孩子认识和驾驭金钱的能力必须趁早。但是，从小兜儿里就有零花钱的孩子，支配金钱往往比较随意，很多孩子不会有计划、有节制地用钱，成年甚至成家后，大手大脚花钱的积习很难根除，不以“月光族”“啃老族”为耻。

很多家长给孩子零花钱很是大方且无条件。某地的调查显示，只有 7% 的孩子是通过做家务、兼职、获得奖励等方式得到零花钱。至于零花钱的用途，女孩多用于打扮、追星，而男孩则用来购买游戏软件和装备。案例中的小徐做家务活也要和父母讨价还价，嫌报酬少而不愿意做，缺乏对家庭和劳动的热爱，追求金钱物质，计较利益得失。她的将来会怎样呢？

父母如何给孩子零花钱，如何引导孩子管理自己的零花钱，事情虽小，意义不小。教育孩子树立正确的金钱观和消费观是家庭教育要考虑的重要问题之一。

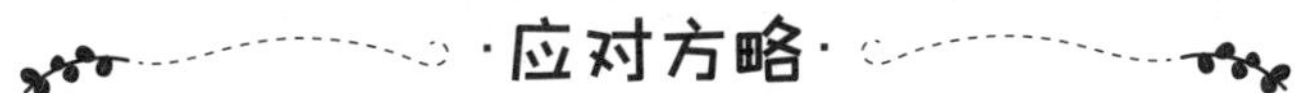

·应对方略·

一、给零花钱的原则

父母给孩子零花钱，主要出于三方面考虑：

(1) 满足孩子正常合理的需求。

(2) 培养孩子自己做决断的能力。

(3) 引导孩子懂得金钱的价值，培养正确的金钱观念和理财观念。

家长给孩子钱的方式有四种：

(1) 只要自己手中有钱，就随意地给孩子一些。

(2) 没有任何附加条件地定期给钱。

(3) 完全作为劳动报酬支付给孩子工钱。

(4) 定期给钱，并要求孩子认真负责地花这些钱。

第一、二种方法显然不恰当，后两种方式可供父母选择或综合使用。

父母给孩子零花钱的原则是：

(1) 零花钱是用以满足合理需求，而不是满足奢侈需求的。

（2）零花钱尽量做到定时定量，不要随心所欲、忽多忽少、忽有忽无。

（3）零花钱金额随孩子的年龄而不断调整，相应增加。

（4）不要用零花钱作为对孩子的引诱或奖励。不要对孩子说，你要是考了多少分我就给你多少钱。以免扭曲孩子的学习目的，导致他为金钱而学习。

年纪越小的孩子，给零花钱的时间间隔就越短，小学时可以 1 ～ 3 天给一次，中学可以一周或一个月给一次。告诉孩子要有计划地使用，如果零花钱刚到手的几天就猛花钱，那钱用完就没有了，不能指望用完后再向父母要。父母也要坚持住，不能孩子一说没钱了就增补。如果孩子有正当的“计划外开支”，要说明用途，父母觉得有必要可以另外给钱。

不要以为零花钱给得多就是对孩子好，越多越能让孩子过得幸福。除了基本的生活费和买学习用具的费用，给孩子多少零花钱为宜，父母要根据家庭的收入、孩子的年龄等因素确立一个合理的基本数额，和孩子谈谈这个数额会有多大，它包括哪些必须的开销，在零食方面的花销一定要控制。零花钱不宜给得太多，如果孩子觉得自己有钱买任何东西，那说明父母给他的零花钱过头了。太多的钱会带给孩子不切实际的期望，在花费时就不能区分优劣、做出正确的选择。春节和生日的红包也不宜太大。

确定了基本数额,父母就可以避免沦为孩子的“提款机”,也比较容易追踪了解孩子的花费。每周或每月定期让孩子有一些收入，可以让他们懂得钱的价值，学到如何管理钱、怎么来做花钱的计划等。父母还可以给孩子一些备用金，以便发生意外情况时有钱应急。

零花钱的数额根据孩子的年龄、需求的增长以及物价波动做相应的上调，每过一年增加一次，比如在每年元旦或孩子生日这天修改协议，制定新的“津贴”标准，确定新的劳动项目。小学升初中、初中升高中、走读变住校等变动较大的情况下，可做较大调整。

二、用劳动换零花钱，可取

越来越多的家长采取按劳付酬的方式，让孩子通过力所能及的劳动，获得可供自己支配的报酬；让孩子体验“钱是工作换来的”，同时体验劳动的快乐，感受自己的能力，并得到实际生活能力的锻炼。

为了避免孩子纯粹为了钱而劳动，亲子之间事先要商量好孩子必须完成哪些家务，达成共识：并非所有的劳动都可以获得报酬，“无报酬劳动”包括那些为自己服务的、完全属于自己的事情，以及应该学会的生活技能，比如洗自己的衣物，整理自己的学习用品、床铺和房间，洗碗、扫地等。“劳动报酬”只适用于不完全属于孩子自己的事，包括让他为家庭做贡献的事，替大人代劳的事，自己的创造性劳动等，比如修剪花木、帮爸爸妈妈擦拭电动车。这种“零花钱教育”的方式，核心是让孩子体验经过努力获得报酬带来的满足感，并学会享受和珍惜它。

除了家庭事务和劳动，还应让孩子适当参加社区劳动，例如节假日参加小区绿化，去养老服务中心陪护老人，去儿童福利院陪孤儿玩耍。父母要说明：这些本来是无报酬的公益志愿活动，但是你代表我们向社会献爱心，付出了时间和劳动，所以爸爸妈妈决定给你奖励。既然是奖励，就不要计较多或少，主要感受爸爸妈妈对你良好行为的肯定和感谢。

有教育家主张：不能因为孩子有过失而扣钱，也不能用增减数额的方法来左右他的行为。

三、签零花钱管理协议，可行

家长对孩子如何使用零花钱给予正确的引导，帮助他学会理性消费，把钱花在刀刃上。建立健康绿色的消费观，对孩子的一生都将产生长远的影响。不少家庭就采取这种管理模式，家长和孩子签订零花钱管理协议书，双方明确各自的责任和义务。详细制定每月基础零花钱、零花钱申请管理、零花钱账目管理、零花钱定时定人发放、增加零花钱的方法等内容。用协议来教育管理孩子，这是一种进步的做法，明确了双方的义务和责任，对家长和孩子都是更好的约束。

签协议时家长还可以问孩子：万一零花钱超支了怎么办？如果有结余怎么处理？打算储蓄吗？应该鼓励孩子做金钱储蓄，不论剩余金额多少，因为这是他学会如何有计划花钱的开始。

四、“三个储蓄罐”模式，可借鉴

怎么用好零花钱？家长要事先与孩子商量好，这些钱该怎么花。严禁用于买烟酒等不良物品，或做不好的事，例如赌博、收买同学代做作业或出头打架等。月底要检查，孩子汇报本月的钱都是如何使用的。孩子在花钱的时候可能会犯一些错误，这是对他们进行理财教育的好时机。

“三个储蓄罐”模式是一套很好的教小孩管钱的方法。家长可以为孩子准备3个小型存钱罐，分别写上“给予”“投资”和“储蓄”。3个储蓄罐可以改变孩子的花钱方式。有家长深有感触地说：“无论孩子在学校里得了多少个A，如果他不懂得如何管理自己的经济，他的生活最终会陷入困境。存钱罐通过‘投资’和‘储蓄’教给我们如何管理自己的钱，通过‘给予’培养我们的善心。如果孩子掌握了正确的花钱方式，他们可以按照自己希望的方式生活，可以选择自己喜欢的工作，因为钱不会成为他们做出选择的压力。要是他们遵照这些原则，他们的生活就是在创造财富。”

初中孩子一般只把硬币投进储蓄罐，而把以压岁钱为主的“大笔收入”存入银行。家长可以建议孩子将大额收入存中长期的定期存款，如果想买理财产品，不要贪图高息，以避风险；小额存款可以存为活期，想用款可随时取出；少量“真正的零花钱”自己收好。在孩子学会理财消费的同时，家长应该让他懂得金钱的意义，知道金钱并不是衡量一切的标准；让孩子在获得金钱的经济价值之外，更关心金钱所能产生的精神价值。

关键词 习惯养成

好习惯受用终身

·案例·

床上，被褥、小说、衣物混杂在一起；桌上，摊开的教科书、作业本、文具乱七八糟；地上，揉成团的面巾纸到处都是。

“小珍啊，妈妈不是让你起床后就要收拾的吗？”“烦死了！我待会儿再收拾不行吗？”“不行，都半天了，赶紧整理！”妈妈提高了嗓门。女儿也高声嚷着：“等我做完成作业了就收拾，行了吧！星期天，也不让人喘口气！”

爸爸急匆匆地冲过来打圆场：“作业还有多久能写完呢？”“20分钟吧。”“那40分钟后可以整理好房间了吧？”小珍想了一下答道：“可以。”“好的，那45分钟之后，我们来参观你整洁的房间，别让我们失望哦！”爸爸拉走了气呼呼的妈妈。

45分钟以后，爸爸和消了气的妈妈又来到小珍的房间。他们环顾四周，物归其位，井然有序，不免夸奖一番。见女儿面露笑容，爸爸缓缓道："良好的生活习惯能使自己终身受益，妈妈希望你养成随手整理的习惯，学会打理好自己的房间乃至自己的人生。"

小珍说："我知道，但有时我想偷一下懒，不想整理；或者功课太多，来不及整理。"妈妈说："那咱们约定各负其责，爸爸负责收拾书房，妈妈负责其他房间，你的房间你自己负责。平常你只要起床后把被子叠好就行；晚上做完作业后，收拾好书包和桌面；每周一次小扫除，扫地拖地、擦家具、整理物品。双休日、寒暑假，早饭后就要把房间整理好，睡前收拾好书桌。如果有特殊情况，可以请求支援，但每月不能超过三次。月底全家评选'最佳房间'。怎么样？""可以！"女儿愉快地接受了这个提议。

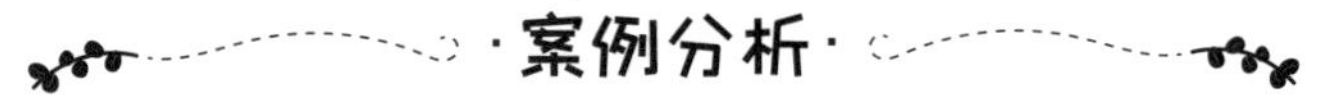

·案例分析·

好习惯终身受益，坏习惯终生受累，有怎样的习惯，就有怎样的结果。

习惯，是经过无数次的重复而逐步形成的较为稳定的行为特征，是固定下来自动化了的行为方式。良好的行为习惯一旦养成，就具有极大的能动力量，成为孩子健康成长乃至人生成功的基础。父母的学识水平有高低之差，但帮助孩子从小养成好习惯却是每一位父母都能做到，也是应该做到的。

孩子们养成良好习惯的过程是长久、曲折的，家长往往因恨铁不成钢而唠叨、指责、打骂，导致矛盾激化。小珍妈妈想让女儿养成好习惯，可女儿不接受她的唠叨；爸爸耐心、平等地与女儿沟通协商，让母女俩达成了约定。

养成习惯需要时间、耐心和坚持。

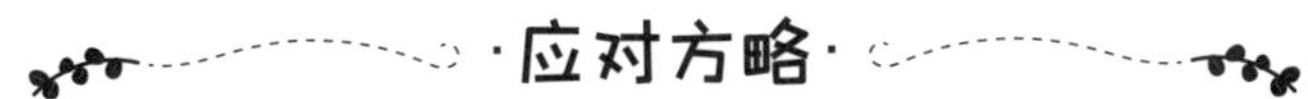

·应对方略·

一、了解孩子行为习惯的层次

初中孩子的行为有四个层次：

1. 被动性行为

它需要靠外部的强制力量。初中孩子还没有形成坚强的道德意志，难以坚持自觉自律的道德行为。例如老师不在场就不守纪律，父母不监督就不好好学习。要让孩子养成良好的习惯，父母必须经常监督。

2. 自发性行为

孩子认识了培养好习惯的重要性，能按照父母的要求去做，但因自控能力差，兴趣、情绪变化大，行为习惯不稳定，具有随意性和情境性，顾此失彼，反复性大。这时孩子要努力加强自我控制，同时还需要家长给予一定的提醒和督促。

3. 自觉性行为

靠内部的自我监督，孩子已能自我要求、自我监督，不依赖外部监督，但尚需自觉的意志努力。例如晚上学习时拿起手机想发微信聊天，转念一想不应该，又把手机放下。

4. 自动行为

既不需要外部监督，也不需要自己的意志努力，能自动进行。在校遵守纪律，在家主动学习，既不是迫于成人的监督，也不需要做什么思想斗争，而是自然的、自发的行动。比如放学一回家，不管父母在不在，都会先完成家庭作业或做一些家务。

父母可以分析一下自己的孩子处于第几个层次，然后引导他逐步提升，最终达到自动行为的境界。

二、培养哪些好习惯

1. 文明习惯

家庭教育从做“人”的教育开始，而做人的教育又是从文明习惯的养成开始，主要是仪表、用语、待人接物、卫生等方面的习惯。如仪表整洁、美观，不盲目追求时尚而打扮怪异或过于成人化；举止端庄、言谈得体、合乎礼仪，不粗鲁、低俗、狂放。有环保意识，做到随手关电灯、水龙头；将垃圾分类并扔进对应的垃圾桶；在阅览室里看完报刊后摆放归位；发现别人的或共享的单车倒了，随手扶起；下雨时，自己有伞，送没带雨具的同学顺路回家……这些举手之劳的小事，虽然耽误了自己的一点时间，却使讲文明落到了实处，体现了对他人、对集体的关心。这些方面都是人外在美的表现。

2. 遵纪习惯

让孩子明白：任何一个人要自由幸福地生活、学习、工作，都必须有一个稳定的环境，必须有秩序和纪律的保证。严守纪律是现代人应有的素质，遵纪守法是学生良好品德的表现，也是安心学习的前提。

首先要遵守国家的各种法律规章制度，违法要受法律制裁，违纪要受纪律处分。其次必须遵守《中学生守则》《中学生日常行为规范》以及本校的规章制度，如课堂一日常规、校园纪律、集体活动纪律、图书馆纪律等规章制度。如果孩子违纪犯错，学校可能会施以相应的惩戒，家长要予以理解、支持和配合，不能唱反调。

3. 惜时习惯

教育孩子珍惜时间。时间就是财富，时间就是生命。父母可以和孩子一起计算：一个人一生按 80 年计算，学龄前 6 年，退休后 20 年，睡眠约 23 年（按每天 7 小时计算），还有三四十年的时光里，学习和工作占去了大半，剩余时间才能由自己支配。这有限的时间，应如何度过？怎样抓紧？“盛年不再来，岁月不待人”“莫等闲，白了少年头，空悲切”。要学会安排好自己的时间，培养“今日事，今日毕”的习惯。

要求孩子按照身心运行的规律来组织自己的活动，有节奏、有规律的生活能提高学习效率。恰当处理劳和逸、忙和闲、学习和休息的关系，合理安排节假日，避免假日综合征。适当参加文体活动，养成高雅的生活情趣。

4. 劳动习惯

劳动可以培养孩子的吃苦精神、战胜困难的毅力、解决问题的能力，并增长聪明才智、促进身心健康发展。体力劳动是脑力劳动必要的调节，有利于孩子身心健康发展。家长要让孩子养成劳动习惯，在孩子干完活后，及时给予评价，指出优缺点，引导孩子欣赏和享受自己的劳动成果。要给孩子安排一项长期持续的劳动项目，为其培养持之以恒的劳动习惯。

三、怎样培养好习惯

1. 严格要求

刚刚跨入中学大门的孩子，面对与小学不同的行为规范，一时难以适应。父母须严格要求孩子按照《中学生守则》来行事，养成以下具体的行为习惯：

（1）文明礼貌、尊敬老师、团结同学，不恃强凌弱；爱护公物，认真做值日，积极参加集体活动和劳动。

（2）早晨不赖床，动作迅速，按时到校，带齐当日所需学习用品，不带手机、iPad 等电子产品进入校园；按要求穿校服，队员戴红领巾，团员戴团徽。

（3）认真早读，做好课前准备；遵守课堂纪律，课上端正坐姿，专心听讲，记好课堂笔记，积极参与教学活动，未经老师同意不随意插话，认真做课堂练习。

（4）遵守课间休息、午间休息的要求，不奔跑追逐打闹，不乱串教室，不坐在走廊矮墙上，不从事危险活动。

（5）着装整洁朴素，不穿奇装异服，不佩带各类首饰，不化妆，不穿拖鞋、超短裙，男生不留长发，女生不披长发。

（6）在家自觉学习，先完成作业再休息，写作业的过程中不穿插做别的事（吃喝、玩东西、听音乐、看电视、打游戏、QQ 或微信聊天等）；主动做家务，爱护弟妹、尊敬长辈，不任性。

2. 坚持不懈

对这些好的行为习惯不仅要严格要求还必须持之以恒。良好习惯的形成并不是一日之功，矫正不良习惯更不是一蹴而就的，必须反复训练、坚持要求、一抓到底。孩子可能按要求做了几天就松懈了，家长要反复抓，抓反复，前紧后松、虎头蛇尾则会前功尽弃。

没有“下不为例”。孩子养成良好习惯的过程是“痛苦”的，好习惯是在与坏习惯的斗争中形成的。矫正不良习惯需要亲子双方坚强的意志，孩子咬着牙克制自己，家长狠下心绝不迁就。训练就要有个狠劲，父母不能太心软。孩子习惯了边吃边玩、边听音乐边做作业，家长务必禁止；孩子想看21：00播出的电视节目，或早晨不想上学，叫妈妈写“病假条”，家长坚决不能同意，也不能以“下不为例”来退让。如果没有狠劲，嘴硬心软，孩子养成好习惯的计划是无法实现的。

3. 抓住关键点

勿放过“第一次”，做到犯错的第一时间及时进行教育，因为第一次印象深刻，先入为主，具有导向作用。孩子第一次说谎或偷东西，如果家长因为是第一次而不予重视，孩子就会窃以为喜，一而再再而三地犯错。等他说谎偷窃成性再来教育，就很难矫正了。

— 科学学习篇 —

关键词 学习动力

读书有什么用啊

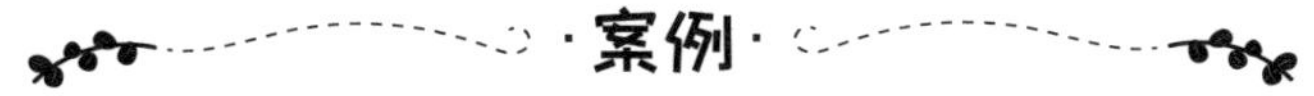

·案例·

小轩上初一时不专心听课、不做笔记，常回头和同学说话，或者低头玩各种小东西，还几次偷偷把手机带进教室与人聊天。吃过晚饭，他总要看看电视、玩玩手机、打打游戏，即便有很多学习任务，哪怕明天要测验，他也没有紧迫感。妈妈一再提醒他“抓紧时间”，他才满心不乐意地开始做作业，字迹潦草，错误率极高。他最常说的一句话就是：“读书有什么用啊！这有什么意义吗？”

初二学科增加、难度提高，小轩跟不上，干脆放弃努力，几乎不听讲、不交作业。他在作文中写道：“我毕业后就去自己家的公司，跟着老爸学几年就可以接管公司当老总了。我不像别人读书是为了考上好学校，将来找一份好工作，找工作是为了赚钱养家。这些我都有了！我并不需要靠读书来获取什么，所以读书对我来说有什么意义呢？再说了，我爸爸小学都没有毕业，照样能当董事长，研究生还得给他打工呢！到时候，那些成绩好的同学也得来给我打工！”小轩就抱着这样的想法，在学校里熬时间、混日子、等毕业，准备当董事长。

初三毕业前夕，小轩照旧打游戏、看电影、踢足球，以致中考落榜。

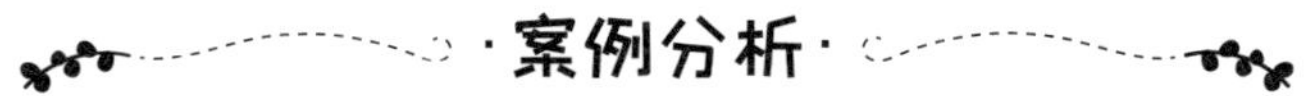

·案例分析·

小轩在作文中说出了一部分富裕家庭子女的想法，他们以为读书就是为了就业赚钱，家里有钱就不需要好好读书了。而一些家境和成绩都不佳的学生则对考上优质高中没有信心，也无心学习，想早些工作挣钱。造成这两类学生学习态度不端正的原因，主要是一些不良的社会现象，让一些青少年对于通过努力学习获得成功这一途径产生怀疑，成了新的“读书无用论”的俘虏。

孩子不思学习的另一个原因是家长疏于引导，家庭文化氛围缺失。教师家访时发现，装修豪华而一本书刊都没有的家庭为数不少。孩子从未见过父母读书看报，家中也没有任何书刊可读，他会爱阅读吗？家长叮嘱孩子好好学习，他听得进去吗？有些家长直接用言语误导孩子，小轩爸爸一定说过“我小学都没毕业，不是照样当董事长？研究生还得给我打工呢！”“你将来接我的班”之类的话。妈妈除了催促，也未曾帮助儿子端正学习态度。

有些家长只采用外部强化手段激励孩子学习，考得好就发奖金、买奖品，导致孩子为金钱物质而学习，一遇到学习困难就退缩灰心。还有些家长白天忙着工作，晚上搓麻将、打游戏，平日里对孩子的学习不闻不问，看到考卷上可怜的分数就对孩子怒骂暴打，这样只会让孩子被“习得性无助感”所打败，信心尽失，越怕越难、越难越怕，厌学、惧学情绪与日俱增。

多数家长把目光聚焦于分数这个结果，忽略了学习态度这个前提。发现孩子对学习马虎敷衍，或听老师反映孩子上课不专心，就把孩子批评一顿了事。态度问题没有解决，孩子行为依旧，家长急而无奈。

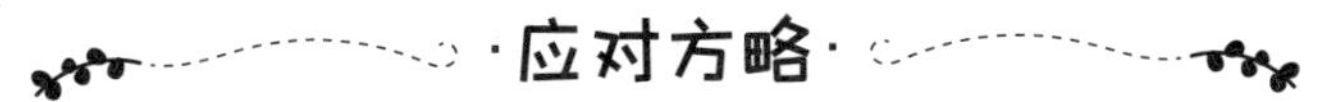

·应对方略·

一、重视孩子学习态度的培养

学习态度是指学生对学习持有的积极、肯定的或者消极、否定的心理倾向。从认知角度看，学习态度就是学生对学习活动或所学课程的价值判断，即为什么学、值不值得学、学了有没有用——这是学习态度的基础。从情感角度看，学习态度是学生对学习的情绪反映，如对学习的喜爱或厌恶，即喜不喜欢学习，在学习中是否感到快乐。情感成分是学习态度的核心。从行为角度看，学习态度是学生进行学习时的外显行为，即是否努力学习、善于学习，例如学习时是否自觉主动、认真仔细。学习态度决定着孩子是“想学”还是“不学”，是“好好学”还是“不好好学”，还影响学习的行为方式——怎样学。

正确的学习态度表现为：充分认识到学习的意义和价值，能自觉学习，对学习充满热情，即使经受挫折失败仍然坚持不懈。研究表明：如果一个班里几十个学生之间的智能差异很大，会有学生因为智能偏低，学习态度虽好而成绩不佳；如果学生之间智能差异不大，其他条件基本相当，学习成绩的好坏就取决于学习态度的好坏，而非智能。那些喜欢学习、认为学习很有意义的学生，上课注意听讲，按时完成作业，学习成绩优良；相反，那些认为学习无用、马虎敷衍的学生，课堂行为问题多，学习成绩也差。

学习态度正确的学生能充分发挥智力效应，所学知识记得牢靠，基础打得扎实；既掌握丰富的文化知识，又培养良好的学习习惯，形成适合自己的学习方法，不断促进学习成绩的提高。而学习态度不端正的学生，不管智商有多高，成绩表现都不好。

家长可以从三方面着手，帮助孩子端正学习态度：

1. 认知方面

感性认识和理性认识相结合、大道理和小道理相结合，让孩子知道自己为什么应该努力学习。

2. 情感方面

千方百计激发孩子对学习的兴趣、对知识的热爱，让孩子在学习过程中感受到快乐，品尝到学习成果的甘甜。

3. 行为方面

具体指导孩子怎样有效学习，教给孩子科学的学习方法，帮助孩子合理安排时间，劳逸结合，克服困难，提高效率。

让孩子明白：不同的态度，决定不同的人生；有什么态度，就会产生什么样的行为，从而决定不同的结果。在实际生活中，失败的学生主要是失败于态度。

孩子从“要我学”变为“我要学”，从被动到主动，从马虎到认真，从拖拉到高效，愿学、乐学、会学，何愁成绩不能提高?

二、根据孩子的学习态度类型进行引导

学习态度可粗分为积极与消极两种类型。积极的学习态

度表现为：虚心求教，勤奋进取，全面学习，循序渐进，坚韧不拔，学以致用，有雄心、决心、信心、恒心、责任心。消极的学习态度表现为：对学习的重要性认识不足，有厌学情绪，学习行为消极被动，缺乏热情、信心、恒心、责任心。

也可以把学习态度分为自觉型、兴趣型、说服型和强迫型四种；按照对学习态度的评价还可分为最佳型、缺陷型、严重缺陷型和较差型四类。

家长初步判断孩子属于哪种学习态度类型后，让他“对号入座”，认识自己学习态度的现状，找出努力的方向。

对兴趣型的孩子，一方面鼓励他学好感兴趣的学科，在掌握课本内容的基础上，主动寻找相关书刊、网站资料，扩展知识面，提高知识层次，并确定一个中心兴趣，作为日后择业发展的方向；另一方面，让孩子懂得，不能仅凭兴趣出发去学习，有些自己不感兴趣的学科也要学好，不能偏科，更不能直接放弃某科目。

强迫型的孩子缺乏主动性，家长要加强督促，但语气神态要温和，不要让孩子感受到被逼迫。家长可以和孩子约定，如果他能自觉主动地学习，在预定时间内完成作业，或每隔一段时间进行复习，就可以获得某种奖励。

对于缺陷型或较差型的孩子，家长首先要做的不是责骂惩罚，而是分析他学习态度不好的成因。当孩子的学习态度与教学环境（教师、学校、父母等）保持一致（对学校满意、喜欢某科老师、对父母亲近）时，他就会积极努力地学习，愿意接受教导；而他如果由于某些原因对学习环境产生了不良情感，就会回避学习环境并产生不利于学习的不良行为，如反抗、逃学等。家长基于此种分析，从改善自身的教育方式入手，再与老师沟通，共同商讨解决办法，缓和、消除孩子的不良情绪，改变他对家长和老师的态度，拉近双方的心理距离，然后逐步引导孩子端正学习态度。

三、激发孩子“为自己的前途而努力学习”的动机

一个成绩不好的孩子在作文《我的理想》中写道：“我没有什么理想，混到初中毕业就去挣钱。”老师问他：“你不想上高中、考大学？”他反问：“上高中干什么？白花钱。大学毕业还不是找不到工作？我妈识字不超过200个，做钟点工一个月还有几千块钱呢。我妈说，我要是不想读书，就回老家去帮老爸种菜养鸡，不但省了学费，还能赚钱，盖房子、娶老婆都没问题。”另一个学生说：“那些明星大多在校学习不好，可是挣那么多钱，豪宅、名车、美食无数，多幸福！那些科学家都是学霸，除了苦，什么也没有享受到。我才不干！”这两类学生都因缺乏正确的价值观引导，没有形成正确的学习动机。

家长要让孩子知道，社会上，确实有很多文化水平较低的人靠着吃苦、敢干、坚持，挣到了大钱，可能从练摊开始，一步步做大，成了老板。但他们在创业过程中受到的苦绝对是常人难以想象的，如果你连好好学习的决心和坚持都没有，就更不用提艰苦无比的创业了。同时，我们也要看到现实中不能适应信息时代社会潮流，垮了的企业、破产的老板不计其数。可见什么都不懂不会的人，想轻易获得成功是不可能的；不努力学习、跟进时代发展的人，想要保持成功也是不可能的。现在学生学习的各科知识，虽然难以说出哪个定律、哪篇诗文在哪年哪月能用在哪方面，但都是一个人必须具备的基本文化素养，是以后学习和从事高精专业的文化基础。种菜养鸡也是好行当，但想要做好同样需要先进的农业科技和信息技术。现在的学习不是为了应付父母和老师，而是为自己未来的前途积累资源。

空洞说教无效，具体事例最具说服力。家长要收集媒体报道的名人中靠自身学识技术与努力奋斗而获得成功的实例；带孩子观看励志类影视书刊；或选择熟人的奋斗经历，以讲故事的方式说给孩子听。家长的现身说法是最好的，用自己的亲身体会，让孩子感受掌握知识技术的重要性，真心表示羡慕孩子能在这样好的学校里学习这么多知识，相信他一定能学好。

家长切忌不考虑后果地说：“我没文化挣得比文化高的还多呢！”“老爸有的是钱，足够养你一辈子！”这等于教唆孩子不努力学习。而应该告诉孩子：“躺在父母挣的钱堆上享现成福是最没有出息的事，结果必然是坐吃山空，爸妈养不了你一辈子。”高收入的家长甚至可以宣布，自己以后将向比尔·盖茨等巨富学习，把大部分钱捐出去做慈善，断了子女以父母为靠山、有恃无恐的念想，让他明白为了自己的未来，必须从现在开始努力学习。

关键词 学习转型

又不笨，怎么就学不好

琳琳平时给人感觉聪明机灵，老师也说她天资不错，她上小学时成绩一直挺好。可上初中后，她的各科成绩都不是很理想了。

上课她是专心的，但听不懂时就发呆；初中老师不像小学那样反复强调“这点很重要，记下来”，她就不知该记些什么。琳琳好几次没做家庭作业或做错了题，爸爸责问为什么，她说：“小学黑板一角写明当天每科的作业，我们抄在本子上记下来，中学没有，老师只是口头布置作业，我来不及记下，不知道该做哪些题。”

碰到不会做的题，她习惯性地问爸爸，可是爸爸说中学的功课深，好多他也不会。于是琳琳眼泪汪汪地呆坐着，熬到快23：00作业还是没有写完，还导致睡眠不足，白天上课时昏昏沉沉的。

爸妈纳闷:“女儿很努力，又不笨，怎么就学不好?”

·案例分析·

琳琳小学成绩较好，上初中后虽然努力，但成绩不佳，原因是未能实现初中学习转型。小学学过的学科（语文、数学、英语等）由直观的、零碎的知识点开始变成较完整系统的知识体系，政治、地理、历史、生物、物理、化学相继开设，增加了学习任务。老师更注重知识体系的严密性以及学生的逻辑思维方法和运用知识能力的训练。一些孩子停留于小学思维水平和学习方法止步不前，适应不了这种转型。因此初中生的学习成绩波动很大、剧烈分化，小学的学习成绩和初中的学习成绩相关性不大，小学的尖子生在初中并不一定能保持领先，而有些小学成绩不突出的学生反倒能后来居上。明显的学习分化点往往出现在初二并延续到初三，初中阶段的学习成绩与高中学习则呈明显相关性。

初中学习的另一个现象是：学习成绩与付出的努力并不一致。初中学生在学习中的自主能力日显重要，一些学生有明确的目标，能合理安排时间，方法得当，就事半功倍，轻松自如，成绩优良；另一些学生虽然学习努力，但方法不对，穷于应付，事倍功半，越来越吃力。这种学习是否轻松的状态，是判断学生学习潜力的重要依据。

与琳琳有相似情况的学生，家长首先应分析原因，不必纳闷为什么孩子努力又不笨，却学不好。而是要告诉孩子，初中和小学的学习特点和方式有什么不同，帮助她完成学习转型。

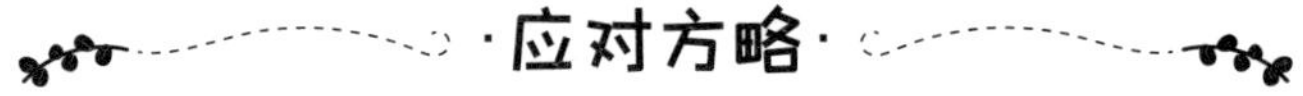

应对方略

一、学习要求：从被动接受到主动求知

小学阶段的学习主要依赖老师的安排，学生只要完成老师下达的如写字、造句、计算等学习指令就行。但初中的学习任务要求学生自觉主动并有计划地学习，学生的学习态度要由“要我学”转变为“我要学”。

家长要训练孩子按照“预习—听课—复习—作业”的流程进行学习。要求孩子每天放学后，先复习当天所学的知识，完成作业后，预习明天要学的内容，发现新旧知识点之间的联系，通过已有的知识结构、学习经验来吸收新知识中的部分内容，通过预习，对一些比较难的知识点提出疑问，产生听课的指向性。课堂上，那些自己已经理解的知识，如果老师讲到，等于又复习了一遍，加深了印象；如果老师没有讲到，也不影响自己对更深层次知识的学习。那些预习时产生疑惑的地方，老师讲课时孩子就会特别关注，注意力集中，从而提高听课效率。课堂效率提高了，不但完成作业的速度加快，而且复习巩固也会事半功倍。学生通过预习主动参与了学习，久而久之，自然会辨别课堂的重点、难点在哪里，学习针对性越强，学习效果越好。

学习效率低的孩子一旦进入了这样一个良性循环，学习效率自然会慢慢提高，学习成绩也会得到提升，更重要的是逐渐具备了自主学习的能力，并将受益终身。

二、学习行为：从盲目随意到目标明确

很多孩子没有远大理想和具体目标，在外力督促下，呈现一种漫无目的的学习倾向。上课、作业应付了事，是为了不被老师批评、家长责骂，不得已而为之，始终处于无目的、无动力状态。他们羡慕或嫉妒成绩好的同学，却不想学习别人刻苦攻读的精神，幻想能够不付出努力就能完成任务。

家长若想孩子能自觉努力，首要之务是帮助孩子明确学习目的，也就是学习所要达到的结果或实现的目标。目标应建立在可观察到的行为结果上，例如一定时期内帮孩子树立一个成绩略优于他的榜样，一起制定具体的赶超目标：期中考试成绩赶上哪个同学，期末考试成绩又超过哪个同学。当

他体验到成功后，就能进一步激发再次付出努力的兴趣。好像马拉松赛跑，一个一个追上去、超过去。

学习目标的难度不能太高，也不能太低，要略高于孩子当前的学习水平，具有适中的挑战性，让他觉得通过一定的努力能够达到目标，这样才有激发力。但也不能过高，如果要求一个学习成绩处于中下水平的孩子在一两个月内就名列前茅，他必然产生畏难情绪，或因“反正也达不到”干脆放弃努力。

家长要多和孩子沟通交流，正确评估孩子的实力，不给孩子规定不切实际的升学目标，例如要求学习成绩中下游的孩子将来考上著名的重点高中。一个数理化成绩都很差的初二女孩，父亲坚持要她考上当地的重点高中。女儿觉得根本不可能，干脆放弃努力，白天在课堂上画漫画，半夜躲在被窝里看漫画书，好几门学科成绩不及格。其实此时，父母应该鼓励女儿把升学目标定为五年制职业技术学院动漫专业，走在校专升本的道路；或先报考文化课分数线较低的特色高中美术班，毕业后再考高校动漫专业。

指导孩子制定明确而适当的学习目标，包括：

1. 每天的学习目标

要求孩子把当天学习的内容全部理解透彻，重点、难点反复记诵。当日结清，不留知识空白；日日结清，没有问题积压。

2. 一周的学习目标

帮助孩子进行一周知识回顾。利用周末比较宽裕的时间，指导孩子复习巩固一周所学，通过读背、整理错题等方式，有计划地把掌握不牢固的知识进行系统化整理。

3. 下周的学习目标

如有余力，浏览下周即将学习的新知识，做一个总的预习。文科的课文、单词等可以提前背诵，理科的基本概念、公式、例题可以提前熟悉，为下周的学习做好充分的准备工作。

三、学习方式：从简单识记到多思多问

从小学到初中，学习内容由直观、感性、零碎的知识点变成了更为完整、系统的知识体系，要求学生运用逻辑思维去理解、分析、归纳这些知识，对学习能力的要求更高了。

1. 善思多问

有些孩子属于慢热型，上课时，即使提前预习了，也不能“一听就懂”，消化不了老师所讲的内容，回家做作业时就显得力不从心。父母如果不能为孩子解惑释疑，应鼓励孩子利用课间向老师或同学请教，把上课没听懂听全的内容及时补上，再重新思考，直至思路畅通无障碍，力求当天问题

当天解决。有些内容孩子即使课上听懂了，也不表示完全掌握了，作业是最好的检验，所以关注作业的完成情况同样重要。每一个错题，都要反思为什么会错：是答题思路有问题，还是计算有差错？是语法错误，还是单词拼写错误？是审题马虎或理解错误，还是语言表达不规范？家长要引导孩子深入思考，不能仅仅满足于改正错处。如果在改正的过程中又有困惑，那就应再次向老师请教，直至没有疑问。在这样的学习过程中，孩子能不断总结得失，在提高学习效率的同时，也提高了学习的能力。

2. 科学记忆

家长和孩子都需要学习和掌握科学的记忆方法，例如意义识记与机械识记相结合，分散识记与集中识记相结合等，并将其运用于学习实践中。培养孩子联想、举一反三的能力，抓住知识要点，不要死记硬背，不搞题海战术。

关键词 学习愉悦感

学习并快乐着

依依每次写作文都像挤牙膏似的，愁眉苦脸磨蹭老半天，才勉强拼凑出一块食之无味的“豆腐干”。她还总是埋怨妈妈不关心她，帮助不力、指导无方。

外派的爸爸调回来了，得知女儿怕写作文，便用心给予指导。依依从小喜欢涂涂画画，爸爸决定以此为突破口，问女儿：“你为什么喜欢画画？”依依回答：“因为画画好玩，有趣。”爸爸又问：“乐趣从哪里获得？”女儿支吾不语。

爸爸替她分析：“因为你画画时很投入、很用心，画什么像什么，所以你会有小小的成就感，觉得画画能给你带来愉悦，于是你更喜欢画画。这几年你由简单模仿、随性涂鸦，慢慢懂得去掌握方法、揣摩技巧，主动地从画画中体验美感和成功的喜悦。”依依听懂了，也认可了。

爸爸接着说："写作文其实就像画画，开始是模仿，学习他人的优秀作文，东拼拼西凑凑也未尝不可，但要达到一个目的——大体写成一篇有模有样的作文，觉得写作文不可怕。然后在模仿的基础上注重内化，久而久之，别人的精彩语句、鲜活材料、谋篇布局你也能灵活运用了，就会觉得写好一篇作文并不难。再往后，勤于钻研加上老师的点拨指导，你也能形成自己可以随心驾驭的作文风格，尽情享受成功的快感和喜悦。"依依专注地听着，不时点点头。

经过爸爸几番点拨，女儿的作文越写越好，越来越多地得到老师的表扬。依依再也不害怕写作文了！

·案例分析·

许多家长为孩子怕写作文而头痛，更为不知怎样指导孩子写作而困惑。常见的处理方式有：

（1）只批评、抱怨孩子，却不提供任何帮助。这种方式只会挫伤孩子的积极性，使其产生逆反心理。

（2）在批评、抱怨孩子的同时，要求孩子背诵优秀作文范本甚至帮忙"听写"。这种方式是饮鸩止渴，孩子的作文水平不可能提高。

（3）虽有批评、抱怨，但帮助孩子寻求写好作文的技巧、方法。这比前两种方法成熟了许多，但孩子可能接受不了家长提供的技巧、方法，达不到学习效果。

（4）比较有耐心，在鼓励孩子的同时，帮助孩子寻求写好作文的技巧、方法。此种方式更趋理性化，孩子成功的机会更大，但仅局限在写作文这件事上。

（5）引导孩子体会曾经成功完成一件事的原因、方法等，并以此作为经验，尝试去做其他事——这是最智慧的处理方式。这种方式让孩子从已有的成功中，回味喜悦、增强信心、总结方法，运用到有困难的学科上，收获新的成功。

依依爸爸采用的是第五种方式，巧妙地引导女儿体验画画的快乐，不仅提升了孩子对绘画方法的理解，又由此迁移，让孩子懂得了写好作文的方法，更提高了通用的学习能力，激发了学习的成功感和愉悦感。在家长这样有智慧的教导下，孩子必将取得进步。

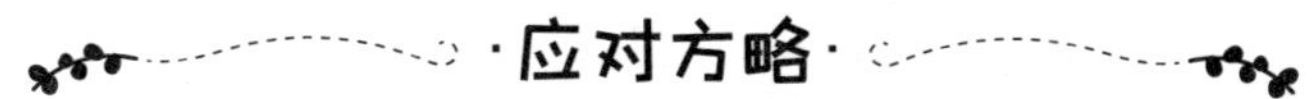

一、采用多种手段调动学习兴趣，激发求知欲望

学习兴趣是引起和维持注意力的重要内因。对感兴趣的事物，孩子总会愉快地去探究它，乐此不疲，学习过程积极主动，获得良好效果。如果对学习毫无兴趣，孩子就会觉得

学习是件苦恼麻烦的事。防止孩子患上厌学症最好的办法就是帮助孩子调整好心态，让孩子以积极的心态找到快乐学习的感觉。

节假日不要把孩子关在家里，陪孩子去博物馆、图书馆、书店、湿地、农庄、主题公园、工业遗址、科技展览馆等，跟孩子边看边议、谈天说地。父母根据孩子的知识水平提出问题，当孩子能运用所学知识做出合理的回答，就惊喜地夸赞他；如果孩子说不出个所以然，也不必责怪讥讽他。父母如果知道就给出解答，如果不知道就遗憾地表示："这么常见的事物，我们竟然也缺乏了解。这样吧，留出一周时间，你我各自去寻求答案，几天后交流答案。怎么样？"家长自己要认真查找资料或请教别人，过两三天后记得询问孩子有没有忘记查询。到了约定时间，双方交换意见、亮出答案。孩子解答正确时，家长一定要高兴地给予肯定和表扬。值得注意的是，如果孩子在家中做物理、化学小实验，父母应该给予支持，同时要注意安全。

孩子在休闲放松的同时，运用学过的知识，发现知识盲点，探索自学途径，尝试自行解决问题，这比死记硬背书本知识、考得好分数更重要。在这个过程中，孩子会寻找自己真正的兴趣所在，激发求知欲，甚至决定今后的发展方向。

二、增强学习愉悦感，让孩子品尝成功的快乐

家长应让孩子体验到学习成功的滋味，并将快乐的感受转化为内在的学习动机，这是一种“正强化”。但要注意，这种成功应该是孩子通过自己的不断努力取得的，而不是家长主动给予、不需要他自己付出就能得到的，否则这只会让孩子更加期待不劳而获。

而如果孩子体验到的永远是失败，总是受到“负强化”，那他就无法感受到自己的价值和能力，会丧失自信、自尊。

1. 降低要求，多加鼓励，恢复兴趣

对学习存在困难的孩子，家长可以降低要求，多加鼓励。比如朗读一篇课文，对一般学生的要求是正确、流利、有感情地读好课文；而对学习困难的孩子，可以只要求他读得正确，只要他能完整地读下来，我们就肯定他，让他觉得自己是有能力的。对于经常完不成作业的孩子，可以让他先做几道容易的习题，让他能轻而易举地完成，然后家长要及时夸奖他，再一点点增加作业难度，同时增加赞扬或者奖励的力度。当然这些不能永远停留在低要求的层次上，当孩子有了进步，家长就要逐渐提高要求，促进孩子取得真正意义上的进步。我们所作所为的关键是让孩子在成功的体验中，找回对学习的兴趣。

2. 扬长避短，强化优点，恢复信心

某方面学习困难并不说明孩子学习能力整体落后，而是能力发展不平衡。口头表达不佳的孩子往往善于写，善写的孩子可能不太愿意说；数理化成绩不佳的孩子，可能语文或音体美方面有特长。父母不要只盯着孩子某方面学习的不足，更要积极地发现他的优点特长，帮助他扩大优点、强化长处，作为恢复自信心的支点。多为孩子创造成功的机会，善说的让他多说，善写的让他多写，当孩子觉得自己某一方面比别人强时，他就会慢慢获得自信心。

除了学习，还可以让孩子在其他擅长的领域获得成功和赞赏。学习困难的孩子往往表现出其他方面的能力。爱摄影、画画的，不妨在家里或班上帮他办一个个人作品展；会唱会跳的，可以鼓励他参加演出和竞赛。得胜获奖在给他带来快乐的同时，也能使他重获自信、做回自己。

平常在家里，可以和孩子一起做游戏、下棋、运动，适当让孩子取胜，并夸他有本事，以此激发孩子的自信心。

3. 孩子增强愉悦感的方法

（1）选择性遗忘。抛却失败的痛苦记忆，保留成功的快乐记忆，体验进步的喜悦感。

（2）创造好心情。清早起来，对镜做个笑脸，给父母一个微笑；走路挺首昂胸、哼着喜欢的歌曲；做完难题后，用手势或言语鼓励自己。不要自寻烦恼。

（3）拿得起放得下。和同学融洽相处，既竞争又友好，不计较小恩小怨、不为小事起冲突。

三、创造利于学习的外部环境

1. 创建快乐的学习型的家庭

家长的关怀、老师的鼓励、同学的友好、社会的帮助，共同营造出一个重学、乐学的氛围，消除厌学孩子受压抑、受折磨，被抛弃、被歧视的感觉。家长和孩子像朋友一样讲述各自的见闻，有意识地选择其中具有知识技术含量的事件或者现象，正向引导议论，悄无声息地启发孩子感悟学习的意义。

2. 做出孜孜不倦自学进修的榜样

家长不论学历高低，都要自学不倦，经常阅读写作，给孩子做出爱学习、会学习的榜样，这就是潜移默化。要用正确的价值观教孩子分辨流行观念的正误，让孩子知道上学不仅是要学到具体的科学知识，更要学习为人处世的常识，要在浩如烟海又良莠不齐的社会信息中，保持正确的人生态度。只有这样，孩子才能明白读书真正的作用和意义。

3. 提供必要的学习条件

学校要求订阅的刊物、推荐阅读的图书，家长应该支持，不要因为舍不得小钱而打击了孩子的阅读积极性。让孩子拥有自己的房间，适合学习的书桌、书架、照明、温度，比给孩子好吃好穿、名牌装备重要得多。如果居住条件有限，也要把光线最好的地方留给孩子学习，比如在靠窗处放置高矮合适的桌椅。孩子做作业时，家长要把电视、手机和说话的音量调低，晚上不喝酒打牌，更不要吵架。

除了物质条件以外，家长还要为孩子营造向上而宽松的心理环境。调查表明，造成学困生心理问题最根本的原因是家人、老师和同学对自己的不理解、不尊重、不宽容与不接纳。不要以为给孩子压力越大，他学习越努力；相反，当压力超过一定限度后，压力越大，孩子学习的动力越小，导致成绩越差。

孩子放学回家后，家长要给他一点喘息的时间，不能强迫他无休止地学习，甚至高压恐吓。否则孩子一旦心理承受不了，就会厌学弃学、离家出走。家长要尽量减轻孩子的心理负担，为他提供和谐温馨的生活空间和积极向上的心理支撑，孩子在轻松愉快的心情中，学习效率和创造性自然会提高。

要鼓励孩子满怀信心地迎接各种考试，他考得好固然值得高兴，但不必过分奖励；他考得不理想家长也不要大惊小怪、过多责备。要紧的是，让孩子拥有赢得起、输得起的阳光心态，从一次次挫折中走向成功。

关键词 学习习惯

好习惯，助学习

·案例·

小林刚进初一时表现积极，性格开朗，智力也不差，经常得到老师的表扬。但老师渐渐发现，小林上课时不能专心听课，不会主动做笔记；自习课上总是回头和同学说闲话，要么嘴里咬着笔，要么手里玩东西，等到快下课了才匆匆忙忙翻开练习册乱写一气。发下作业本，他就只瞥一眼分数或等级，不思考做错的原因，老师让他订正他就直接抄同学的。

小林妈妈很烦恼，对老师说："每天上学前，我都一遍遍提醒他上课不要开小差，他也一再保证了呀，怎么一到课堂上又管不住自己了呢？回到家，他总是东摸摸西弄弄，一再催促后才开始写作业，做时还一直磨磨蹭蹭、东走西翻，一会儿喝饮料、一会儿看手机。平时不肯查字典，懒得动脑筋，不会做就把笔一扔，说等明天早上去学校抄同学的。考试前拿出书乱翻一气，书上画得乱七八糟，不知道该看哪里。唉，这么下去可如何是好啊！”

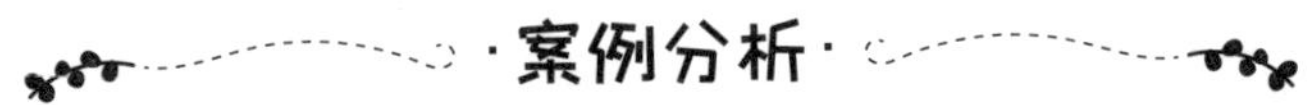

·案例分析·

小林的问题主要出在没有养成良好的学习习惯上。他在校听课、在家自习都不能集中注意力，不肯独立思考，不按时交作业——而这些都是一个学生最起码的本分。妈妈为儿子烦恼不已，但没有认识到正是自己没有从孩子一入小学就注意培养他的学习习惯，以致他到了初中积习难改。如果初中再不抓改，不良的学习习惯定型并巩固下来，那就很难指望他以后能高效学习并取得好成绩了。

习惯，就是经过重复练习而巩固下来的思维模式和行为方式。研究表明，要形成某种习惯，要经过21天以上的持续训练；而要成为某方面的专家，至少要学习、操作一万次。好的或不好的学习习惯犹如惯性力量，推动或阻碍学习活动，提高或降低学习效率。

好的学习习惯无外乎做好学习规划，学习时专心致志（包括在校上课认真听讲，在家自学心无旁骛），按时保质地完成作业，进行次日学习内容的课前预习，经常复习，固定位置摆放学习用品等。学习习惯一旦养成，孩子便会自动按照某种方式和程序去学习，不再需要家长的督促和监督。

值得注意的是，一些不良的小习惯家长要督促孩子去改正，比如遇到问题时懒得思考直接求助，做题时心不在焉抠手玩笔，总是让家长帮忙检查作业，等等。初中生应该养成独立思考、自控自律、自查纠错的能力，这不仅需要孩子的努力，更需要家长的指导和支持。

进行学习习惯训练需要持之以恒。想起来就抓，事情忙就忘，这样不可能收到成效。于是又抱怨抓了也没用，孩子依然故我，家长失去信心，小林妈妈就是这样。

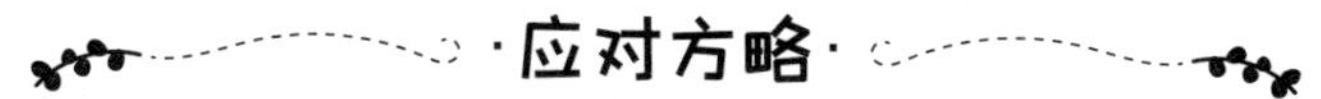

一、让孩子明白习惯的力量

让孩子明白：习惯左右成败，习惯可以改变人的一生。好习惯，益终身！你有了好习惯，就储存了受用终身的巨大财富，一辈子都有用不完的“利息”；而你养成了坏习惯，就永远背着负资产，有着一辈子偿还不了的“债务”。

学习习惯是在日积月累中养成的一种看不见的力量，与学习成绩的好坏有很大的关系。良好的学习习惯能提高学习效率，让学习事半功倍。管得住自己，就是好习惯的主人；管不住自己，就成为坏习惯的奴隶。做主人还是做奴隶，全在于自己的选择。

二、应培养孩子哪些学习习惯

1. 自觉学习的习惯

（1）明确目标。明确每日学习目标、本周学习目标，以及下周学习目标，使学习进入胸有成竹、良性循环的高层次。

（2）学会安排。亲子一起商量，共同制订合理的时间表。一周、每天，什么时候做什么，都有具体安排。孩子不需家长催促就能自动按照程序进行学习，自我管理，自我约束，执行计划，兑现承诺。如此一来孩子就有了学习的自觉性。

把选择权还给孩子，家长不要按照自己的想法把孩子的时间安排满，命令他干这干那，只需加强检查、提醒。

（3）不必陪读。有的家长从小学到初中一路陪读甚至代做，使孩子产生对外援的依赖性，觉得“我是被送进学校的、被要求学习的，爸妈比我更在乎成绩好坏”，缺乏独立自主意识，也就没有自觉学习的习惯。

2. 独立思考的习惯

鼓励孩子主动探索、多思善问、自己解决问题。这是一个循序渐进、逐步提高的过程：上小学时，鼓励他“不懂就问”；上中学后，提倡他“不懂就想”，运用学过的知识，自己想办法解决问题。如果孩子懒得动脑总是张嘴就问，父母不要直接告诉他解题方法或答案，而应多提些建议，“如果这样，行不行？”“也可以那样，你试试”。为他指出进一步思考的方向，给他充分的时间自己去试错、验证、发现。

家长还可以按情况使用“示弱装傻”策略，假装自己没看懂，反过来让孩子说说他读题、思考、解题的过程。在倾听过程中可以提出一些有思考价值的问题，让孩子进一步加深对相关知识的理解。这样，既促使他对所学知识有更深一层的理解，又提高了语言表达能力。这样，“懒”家长就能培养出善于独立思考的聪明孩子。

3. 阅读看书的习惯

父母引导孩子爱读书，会读书，先认真读教科书，再广泛阅读课外书。

帮助孩子掌握读书的四个环节，培养独立阅读能力：

（1）粗读。上课前要先读一遍，即预习，做到心中有底、有疑、有问地进入课堂。

（2）细读。做作业之前要再读，即复习，仔细阅读，熟悉全文。

（3）精读。在练习作业中遇到疑难问题时，要找到对应章节反复读，读深读透。

（4）复读。新知识学完后，重读教科书，把握好知识点中的重点、难点，通过自己的归纳、小结，形成本节课或本章节的知识结构，把零碎的、一点一滴的知识整理成一个知识体系。

4. 专心致志的习惯

由于多种复杂因素，现在有注意力缺陷和多动行为表现的孩子不断增加。时至初中，纠正起来难度较大，再不抓，到高中就为时已晚了。

（1）专心上课的习惯。让孩子明白：老师教得再好，也要靠你自己去学，“学”与“教”应该同步，你必须紧跟老师的教学进程。在课堂上不能想或做别的事，要集中精神，眼睛看着老师或黑板，脑子跟着老师转；专心听老师讲课，认真听同学发言，抓住重点、难点、疑点，听仔细、想明白。哪怕是你预习时已经理解的知识点，也要认真听，把老师的思路、其他同学的思路与自己的思路进行对比分析，找出解决问题的最佳途径；并在这个过程中，尽量多理解记忆一些知识。课堂上听懂了、记住了，课后做作业就基本没有困难了。让孩子学会做课堂笔记，漏记的重要内容课后要及时补上，混乱部分最好重新整理、归纳。但注意不要因为“记”而影响了“听”。

（2）专心做作业的习惯。允诺孩子提前做完作业节约出来的时间由孩子自由支配，激起他专心学习、提高效率的愿望。然后与孩子约定：放学回家后解决完吃饭、上厕所等事情，就开始学习，包括做书面和口头作业，并预习复习；其间不得穿插做其他事情，学习 50 分钟休息 10 分钟。如果孩子能够自我控制，两耳不闻身边事，抵制各种诱惑，专心学习，父母要及时表扬激励他。家长注意不要让自己成为孩子分心的干扰因素，在孩子学习时，尽量不打扰、嘱咐、催促，更不要责骂。

5. 持之以恒的习惯

让孩子知道学习是一个艰苦的过程，必须知难不退。千里之行，积于跬步，坚持不懈方能有所成就。三天打鱼，两天晒网，只会前功尽弃。

关键词 学习方法

小学的老办法不灵了

小路就读的小学提倡快乐教育，学业负担不重，但他从小就是慢性子，写作业慢，背书慢，考试也常因做不完题目而影响成绩。

于是，妈妈每晚亲自坐镇，把要背的内容一遍又一遍督促儿子去背诵，直至背熟；把要做的题目一遍又一遍让孩子去做，直到他看到题目就能知道答案。小路考试答卷的速度加快了，也取得了不错的成绩，妈妈这种死背多做的方法看起来效果不错。小学毕业前，小路的学习成绩已经在班上名列前茅。

升入初中后，情况发生了变化。小路每天回家都要做几个小时的作业，连上厕所都觉得浪费时间，但就是快不起来，光是书面作业就要做到 22：00 以后，根本没时间读背，考试时又来不及做题了。

妈妈打听同班同学的情况，有的人放学前在学校就把作业完成得差不多了，回家后基本不用写书面作业，多数同学也是学有余力。看着小路一落千丈的学习成绩，妈妈心急如焚。

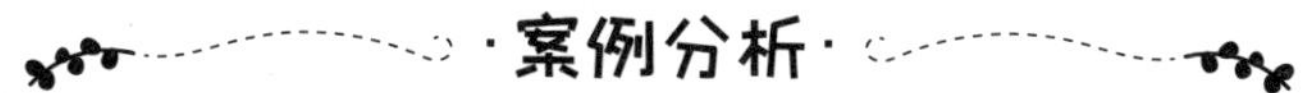

·案例分析·

一些小学里成绩比较优秀的孩子进入初中后退步很大，原因多种多样。有的是注意力不集中，上课时喜欢发呆，做作业喜欢在作业本上涂鸦，大片时间不知不觉间就溜走了；有的是知识掌握不扎实，不能消化老师讲授的知识，又不敢及时提问弄明白，做作业无从着手；有的是像小路一样，学习非常努力，抓紧时间，可是学习方法不对，事倍功半。除了上述孩子本身的因素之外，还有一个重要的客观原因，就是家长没有从小对孩子进行学习方法上的指导，忽视动作训练，过多地帮助代做。

想帮助孩子提高学习效率和成绩，家长要弄清到底是什么原因导致孩子写作业慢、成绩差，然后有针对性地予以指导，并更多侧重于学习方法的指导和学习意志品质的培养。像小路妈妈那样干着急是没有用的。

·应对方略·

一、初中学习的一般方法

1. 学会听课，抓住课堂45分钟

上课是学习最主要的环节，45分钟课堂学习效益的高低，某种程度上决定着学习成绩的好坏。听课有不少学问，学会听课对初中生的学习进步至关重要。

（1）要集中注意力去听。集中注意力、专心致志才能学有所得；心不在焉、心猿意马只会一无所获。

（2）要带着问题、开动脑子去听。课堂上有些孩子看似目不转睛、十分专注，但一堂课下来脑中却没留下什么痕迹，只因为他们听课时不动脑筋，没有积极思考，老师的讲解如同秋风过耳。“疑”是一切学习的开始，带着问题听课，就有了比较明确的目标和重点，可以增强听课的针对性，提高课堂学习效率；带着问题听课，还能促使自己积极思考，紧跟老师的教学节奏，及时理解和消化教学内容。

（3）要积极举手发言。教与学是双向交流、互相促进的。学生必须积极主动地参与教学。积极举手发言就是一种参与，它既能促使自己专心听课、动脑思索，还能发表己见，锻炼自身语言表达能力。

（4）认真做好笔记。“不动笔墨不读书”“好记性不如烂笔头”，都是说边学习边动笔的好处。做笔记不仅是学习新知识的方法，也是复习旧知识的依据，还可以从笔记中发现新的问题。很多家长觉得自己对孩子在学校里的学习无从了解和把握，其实，每天查看一下他们的课本和笔记，就是一种好方法。

2. 处理好几个关系，合理分配精力

时间是个常量，需要合理安排，家长必须指导和帮助孩子处理好以下几个关系：

（1）玩与学的关系。学习是学生的主要任务，他们的主要时间和精力自然应该花在学习上。但学习又不是学生生活的全部，初中孩子精力充沛、兴趣广泛，适当和有益的活动（包括玩）也是他们生活的重要组成部分。有些家长只注重孩子的学习，把孩子的闲暇时间安排得满满的，不让孩子有娱乐和活动的时间，有些家长则对孩子的课余活动放任自流。这些都不利于他们的学习进步和全面发展。家长要指导孩子学会劳逸结合，学习时专心致志、静下心来；活动时生龙活虎、放开手来。学习和玩不仅可以不矛盾，而且可以相得益彰。

（2）主与次的关系。初中阶段学习知识的密度大大增加、学习知识的广度也大大增加，这就需要学生能够处理好各种知识内容之间的主次关系。学科之间有差异，基础学科、工具学科是初中学习的重中之重，直接影响其他学科的学习，一定要学得扎实。一门学科的内容本身也有主次，概念、原理及其形成是主，知识的灵活运用是主，自己学习的薄弱环节是主，在学习过程中应该花更多的时间和精力。

（3）发展兴趣和打好基础的关系。孩子对哪一门功课感兴趣，这门学科往往就能取得比较好的成绩。但是，初中学生的兴趣往往不够稳定，一会儿喜欢这个，一会儿喜欢那个，容易见异思迁，结果什么也没能学好。其实，初中的学习是整个人生学习的基础，不论有没有兴趣，每一门功课都要学好，这样高中阶段的学习才能比较顺利。

3. 遵循记忆规律进行学习

记忆和遗忘是有规律的：学习刚结束，遗忘就相伴开始了。在 24 小时之内进行复习巩固的效果最好；第二天忘得最多最快，需要复习的时间较长；如果第二天复习了，第三天遗忘得就少了，需要复习的时间也较短；如果第三天复习了，第四天遗忘得就更少了。家长可遵循遗忘“先快后慢”的规律，指导孩子学习。

（1）及时复习。孩子学习存在一种普遍的倾向，就是随学随丢，做完教师布置的作业了事。到考试时，就临时抱佛脚，从头开始复习。想要改变这种前学后忘，到后面问题成堆的现象，关键要做到及时复习，特别是对于那些字母符号、公式、外语单词等意义性不强的学习材料，一定要做到趁热打铁，及时复习。这好比在堤坝塌方之前，及时加固，要比垮了再修，省时省力许多。

（2）分散学习。及时复习固然重要，但也不能一劳永逸，还要经常复习。学习的规律告诉我们，以学习外语单词为例，如果有两位同学当天学习了 20 个单词，一位同学只在当天晚上集中复习一小时，加以巩固；另一位同学当晚复习半小时，第二天再复习 15 分钟，第四天复习 10 分钟，一周后再复习 5 分钟。结果后者记忆的效率明显高于前者。

利用分散学习的道理，家长可以指导孩子运用卡片进行复习。例如复习英语单词，把卡片分为左右两边（或上下两边、正反两面），分别写上中文词义和英语单词，然后自制七个袋子（或信封），每个袋子（或信封）内放置一周中某一天应复习的卡片，复习时，用手遮住一边，同时回忆另一边的内容。当天复习以后，就放入隔天的袋子（或信封）里，以此往复有规律地交替复习，效果十分明显。其他如数学公式等各种知识均可用卡片来进行复习。

（3）集中复习。虽然分散复习效果优于集中复习，但是每到一个阶段，尤其是期中、期末，一定要进行阶段复习和总复习。考试前夕的复习特别高效，因为符合 24 小时之内能记得最多的记忆规律。既细水长流，又“临时抱佛脚”，就是分散复习和集中复习相结合，效果最好。

（4）过度学习。我国著名科学家茅以升在 83 岁高龄时，仍能熟练背诵圆周率小数点后一百位，别人问他有什么好的记忆方法，他答："说起来很简单，重复！重复！再重复！"我们记忆某些内容时，如果刚能勉强背诵就停止学习，过了不久就不能准确回忆了；如果能再接再厉继续多背几遍，效果就会大大提高，记忆时间也更长久，这就是"过度学习"。一般而言，过度学习保持在 50% ~ 100% 范围内，例如背诵一首唐诗，如果读 10 遍刚好能背下，那最好再读 5 ~ 10 遍，这样就能烂熟于心、牢记不忘了。

二、各科学习方法

初中阶段学科逐渐细化，各门学科都有自己明显的特点和规律。理科类侧重抽象思维，要善于融会贯通；文科类侧重具象思维，要善于积累知识。只有把握各学科的特点，因"科"制宜，才能有的放矢地学好各门功课。

（1）语文。多读书，多观察，多练笔，适当做语文训练题。

（2）数学。仔细阅读教材，自己推导公式，汇集并背诵定理、定律、公式、常数、特定符号等，多做练习。

（3）英语。背诵单词、课文，利用英语视听材料，做大量练习，多说多用。

（4）物理。精读教材，仔细观察演示实验，手脑并用做好实验，正确使用数学工具，做好练习。

(5) 化学。有序观察实验,积极动手实验,记牢元素符号、化合价、概念、定律、性质、一些物质俗名及某些特性。

家长要引导孩子根据自己的特点，形成适合自己的、有效的各科学习方法。

三、三种笔记本

(1) 课堂笔记本。每科一个笔记本。

(2) 错题集。专记自己在练习、作业、考试中的错题，分析出错的原因，按知识类型进行归类。整理时每道错题分四部分：原理、错解、原因、正解。整理后反复记忆正确的解法。这样，不仅能够查缺补漏，准确找到疏漏的知识点，及时弥补；还能由果索因，找到错误的原因，避免重复犯错；更能培养良好的学习态度和习惯，有利于上高中后的持续深入的学习。

(3) 好题本。看到一些好题,或好的解题方法、解题技巧、解题规律，记下来，考前看一遍很有用。

关键词 导航阅读

做孩子课外阅读的引领者

·案例·

小栋的妈妈打扫卫生时，在儿子床底下、枕头下发现了好几本与学习无关的闲书。

妈妈怒火中烧，冲向正在书房里做功课的儿子，把那几本书重重地往书桌上一扔，高声质问："在你卧室里搜出这么多乱七八糟的书，请你解释一下，这是怎么回事？"儿子立刻露出怒容："你凭什么在我房间里翻东西！这些书不是我的，是老鼠搬来的！"

面对儿子的狡辩，她气急败坏，抡起巴掌就要打过去。儿子紧紧握住妈妈的胳膊，使劲推开。妈妈踉踉跄跄坐到椅子上，更加火冒三丈，"蹭"地一下站起来，拿起那几本书撕起来："我叫你看！叫你嘴硬！"

儿子哭着跑出去，甩下三个字："我恨你！"

·案例分析·

案例中母子的冲突由课外阅读引发。确实有一部分中学生的家长并不支持孩子阅读课外书籍，怕他们分散精力、浪费时间、影响学习。其实这种做法是错误的。我们所钦佩的多少科学家、学者以读书为嗜好，博览群书、兼收并蓄。我们看到一届届中高考状元在学好各科课内知识的同时，热爱课外阅读，广泛吸取精神营养，夯实知识金字塔的地基。

孩子良好人格的塑造、高雅兴趣的培养、优秀品质的形成，一条重要的途径就是健康的课外阅读。孩子阅读一本好书、一篇好文，走近一位优秀作家，犹如在生命中打开了一扇新的窗户，可以看到又一个全新的世界。孩子阅读名著，与优秀的思想和语言携手共游，本身就是一件非常快乐的事情。

学校的教学内容围绕着考试指挥棒来转，学生有时会对学习生活感觉枯燥，他们一方面渴望通过课外阅读放松心情，调节巨大的学习压力，获得在青春期这个特殊阶段需要的知识和技能；另一方面，面对形形色色、良莠不齐的各种读物，孩子们内心充满了困惑和迷茫，需要家长的指点和帮助，而不是粗暴训斥和强行禁止。家长这时候的理解、支持、陪伴、鼓励和引导，显得尤为重要。

和小栋妈妈类似的家长大有人在，他们只担心课外阅读影响孩子的正课学习，不为孩子选择合适的课外读物，更没有掌握与孩子沟通的方法。不由分说地责骂，粗暴地没收撕毁书刊，撕裂了亲子情感，加深了代际鸿沟。

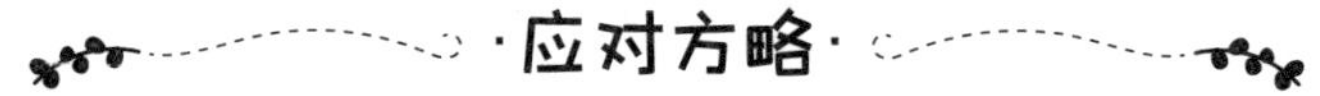

·应对方略·

一、创设课外阅读环境，制订课外阅读计划

初中孩子有着强烈的求知欲，会在课外主动找书看。家中应该有一定数量适合孩子年龄和水平的书刊，让他随意取阅；还可征询孩子意见，问他想看什么书、订什么杂志，家长可趁机推荐一些优秀书刊。

为了保证课外阅读能够取得预期效果，父母可以和孩子一起坐下来，商量和制订一个符合他特点、兴趣和需要的课外阅读计划，有长计划，也有短安排。比如本学期或今年要阅读哪些书，大致确定阅读的先后顺序与时间，以及要不要做读书摘记、写读书心得。这个计划应当切实可行，符合孩子实际的阅读能力，要有利于孩子的全面发展和健康成长。

制订好阅读计划以后，家长要不定期地询问、了解孩子的阅读情况，更好地引导孩子的课外阅读。

二、选择合适的书籍，处理好课内、课外阅读的关系

课内阅读是课外阅读的基础，课外阅读的原则是：与课内学习紧密衔接，起到补充、拓展、加深、提高的作用；阅读面要广，各类书籍都应该读一些。课外阅读又对课内阅读起着补充促进作用，孩子养成课外阅读习惯，对课内学习大有裨益。

在孩子年龄小、阅读量还不大的时候，家长可以给他看一些图画书、带插图的童话书或者故事书。等到孩子有了一定的阅读能力，应尽量为其选择趣味性、知识性较强的书，比如科学、探险等方面的书籍。在孩子养成良好的阅读习惯后，家长要帮助孩子提高所读书籍的品质。古今中外的名家名作经受了时间的考验，是非常珍贵的人类文明的精华，有着较高的阅读价值，家长要有意识地多引导孩子去接触这样的好书。对目前的流行读物要区分良莠，择优让孩子阅读。如果课外阅读完全放任自流，孩子很容易沉迷于鼓吹金钱、色情、暴力或错误倾向的不良书刊，受到负面影响。

三、指导读书方法，学会精读和泛读相结合

孩子刚接触课外阅读时，尚未掌握良好的阅读方法，需要家长和孩子在共同的阅读体验中，交流、探讨，逐步引导孩子掌握精读和泛读的方法。

家长可以根据书籍的内容、性质以及阅读的目的，引导孩子确定哪些书该精读，哪些书可泛读。告诉孩子精读之书要仔细领会，对名家名作的基本观点、重要情节甚至精彩句段要记住，主要是训练耐心、细心的阅读习惯和积累丰富的知识。泛读之书，比如孩子喜欢的故事书、报纸杂志、网络文学等，只要了解概貌、把握大意即可，主要是训练阅读速度，提高快速阅读的能力。掌握了精读和泛读的方法，孩子就不会把大量的时间用在一些价值并不大的课外阅读上面，也就不会影响课内学习。

四、与孩子多交流阅读心得，培养孩子的独立思考能力

初中孩子的世界观、人生观还不成熟，家长不仅要做示范者，也要做孩子课外阅读的引领者。要善于利用身边的报纸、电视、网络上的阅读材料，与孩子一起讨论，在引导孩子理解这些信息的过程中，潜移默化地帮助孩子培养高尚的情操、优良的品质、健全的人格，引导他认识社会、了解人性。

亲子可以互相交流阅读心得，家长要鼓励孩子大胆提出富有创见的新颖观点。在这个过程中，家长是耐心的倾听者、热情的鼓励者，孩子不必担心说错。这样，在课外阅读的训练中，孩子经历了自主学习、自我教育、自我启迪的过程，体验到独立思考的喜悦和成就，从课外阅读中的得益会更大。

关键词 学习成绩

别把分数当命根

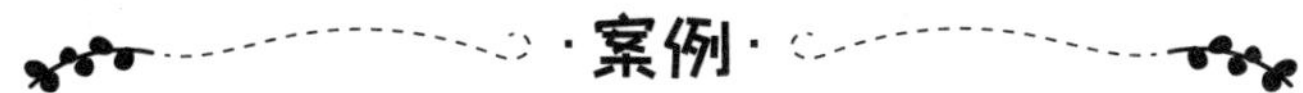

菲菲从小就是表现优良的好学生，上初中后每次考试分数都很高。不料初二下学期期中考试时，菲菲的成绩出现了断崖式的下降。

看到从未见过的低分，妈妈震惊之余大发雷霆："分，分，学生的命根！你把命根都丢了！我们为你花了这么多钱，投入了这么多精力，你就拿这点分数报答我们？凭着这么点分数，你能上什么好高中？能考什么大学？你在自毁前途呀你！你叫我们没脸见人啦！"女儿关在房间里大哭，不吃不喝不出门。

妈妈觉得事态严重了，很后悔；爸爸和班主任联系，讨教解决办法。事发第三天，老师与菲菲的父母进行了沟通，表达了自己的观点：分数不是衡量一个学生优秀与否的唯一标准，孩子健康、全面成长才是关键；面对不理想的分数，不能对孩子一味批评施压，而应全面分析原因，提出理性的建议。

菲菲的父母反思了自己对分数的错误理解和对孩子的不当态度，与老师商量帮助菲菲提高学习成绩的办法。

班主任先找菲菲谈心，消除她内心对妈妈的怨恨，希望她专心听课，针对每门课程制订每周、每月的学习计划，合理分配好时间，请家长负责督促。然后父母和女儿沟通，妈妈检讨自己的错误态度，不该那样责骂女儿。父母针对初二的学科特点给女儿提出建议：要抓紧时间并合理分配；注重知识积累和总结，等等。

菲菲心气平和了，认识到初二学习与以前的不同，对自己也有了较清晰的认识，承认自己不适应初二教学方式的变化，也不够努力。她按照老师和家长的指点，不断改进学习习惯和方法，在初二期末考试中，成绩又有了较大幅度的提高。

·案例分析·

初中阶段，孩子常出现学习劲头和考试成绩忽高忽低的现象。这时的孩子身体处于青春发育期，心智处于青春萌动期，情绪不稳定，内心躁动，自我控制能力不足，很容易受外界因素的干扰，出现各种状况。老师和家长如何处理和疏导是解决孩子各类心理问题的关键。

本例中，父母虽然因女儿成绩下滑而生气甚至愤怒，但能静下心来反省自身的不当，思考如何解决问题；同时通过和孩子交流，弄清了孩子成绩下跌的主客观原因，驱散因成绩下降带来的心理阴影，提出了改进学习方法的建议。老师也针对菲菲的学习情况进行了具体分析，提出了可行的指导意见。菲菲重整旗鼓，走出低谷，她的“成功—失败—成功”的马鞍形经历，证明了家长多和老师沟通、实现家校互动的必要性和优势。

本案例也提示各位家长，要理性对待孩子的分数。孩子考得好，要表扬、肯定，但不要嘉奖过度；考得不好，不能一味责怪，或逼孩子加时加量学习。应多给孩子一些宽容、鼓励，单纯关注孩子的考试成绩不可取，应当多关注孩子的学习方法和全面成长。

分数不是孩子的命根，德行才是立身之本。

·应对方略·

一、家长的心态很重要

家长对孩子分数的心态往往决定自身的教育态度和教育方法。初中的孩子，离成人成才的日子越来越近，家长们常常在心里描绘着孩子的未来。在这个以升学率来衡量教育成果的时代，家长往往被孩子的学业成绩牵着鼻子走，很多家长只关心孩子的分数，而忽略了如何去引导孩子提高学习能力、不断完善自我、学会为人处事。

家长首先应明确要把孩子培养成什么样的人，也就是对孩子的培养目标和评判指标。家长的目光不要只盯着孩子的成绩和智力，要更多地注重孩子的人格健全和身心健康。

试想初中的一次测验考试，多几分少几分，对一个人的终身发展究竟有多大影响呢？试想一个孩子，如果聪明伶俐、成绩优秀，但是自私任性、傲慢无礼、自我膨胀，不能与人和睦相处，不遵守集体和社会的行为规范，在校时会受到老师同学喜爱吗？将来会成为受人敬佩的成功人士吗？如果他品行优良、勤学守纪、心地宽厚、富有爱心和责任感，即使智力平常、成绩一般，在校也会被公认为好学生，踏上社会后也会是个好公民，也会通过努力在自己的岗位上取得优异的成绩。

父母要告诉孩子：只要你平时上课用心听讲，学习认真努力，无论最后考试得多少分，只要比以前进步了，你就应该有信心，我们也会感到满意。爸妈关心的与其说是分数高低，不如说是进步幅度，因为进步代表超越自我。不断超越自己，这就是一种成功。

二、家长的理解很重要

父母要把孩子当作与自己人格平等的“人”来看待，尊重他们的各种需要，尊重他们的兴趣和爱好，鼓励他们表达自己的思想和情感；遇事多跟他们商量，多听他们的意见，允许他们自己做选择和决定。同时父母要容忍孩子有与自己不同的见解，给孩子足够的信任。当成绩单摆在面前时，家长不能一看到分数高就喜笑颜开，一看到分数低就暴跳如雷。要先听孩子说说，获得这份成绩他自我感觉如何，与之前相比是进步了还是退步了。如果成绩提高了，让孩子谈谈进步的原因；如果成绩下滑了，让孩子自己找找问题所在。

家长理解孩子在学习中的难处，并与孩子一起想办法来解决，这样实事求是的态度，能让孩子感到父母理解体谅自己，心存感激，学习就会更努力。

三、深入分析很重要

不少家长认为孩子学习成绩不好或下滑，一定是由于学习不努力，花时间太少。其实家长应该仔细分析孩子成绩差的原因：是不想学，还是不会学？是学习态度不认真，还是学习方法不对？是课上不专心，还是做作业不肯动脑筋？是与同学老师发生矛盾，还是有不健康的兴趣导致心思不在学习上？是情商较低，对学习缺乏兴趣和毅力，还是智力有缺陷？要知道，有 10% ~ 30% 的孩子存在着学习能力障碍，这种情况下批评责骂是无济于事的。家长还应了解，孩子是否存在由于不了解、不适应初中学习特点，学习方法依旧滞留于小学水平的问题。有时孩子成绩下滑，不一定是因为孩子没有认真学习，试卷难度大、孩子身体状况不好（包括女孩生理期等特殊情况）、亲子间有摩擦、家中发生意外……都会影响孩子的考试成绩。

中学是人生知识基础的奠定时期，而初中又是整个中学的奠基阶段。初中生比小学生学习的科目多，而且每一门学科的内容都逐渐趋于专业化，接近科学体系。小学自然学科只讲自然常识，在初中则分成生物、物理、化学等；数学学科也逐渐向多分支发展，分为几何、代数等。他们面临的学科常识性知识越来越少，反映客观事物规律性的理论知识越来越多，知识体系的严密性、逻辑性越来越强。所以家长在面对孩子的分数时，应做客观理性的分析，尤其是当孩子的成绩下滑厉害时，更要进行系统的分析。要勤观察，注意孩子在学习中的精神状态；勤谈心，及时解开孩子的思想疙瘩，找出问题出在哪里。弄清了原因，便可对症下药，因势利导。

对于因对学习科目不感兴趣而产生厌烦情绪的孩子，家长要多引导，用生动的语言举实例、打比方、讲故事，让孩子知道某学科、某知识、某技能在实际生活中的用途，激发学习兴趣；对于因为阶段性身体素质差，承受不了繁重的学习任务的孩子，家长要多关心，给孩子治疗疾病、增强营养；对于因几次考不好而泄气的孩子，家长要多鼓励，表明爸妈不会因分数影响对你的喜爱和评价，相信并期待孩子的努力和进步；对于因粗心大意或审题匆忙而冤枉丢分的孩子，家长要勤敲打，让孩子重做错题，找出症结；对于因偷懒贪玩、疏于学习的孩子，家长则要勤督促，帮助端正学习态度、抓紧时间，奋起直追；对于因受老师批评或与同学发生口角，造成情绪波动的孩子，家长要问清情况，及时帮孩子解开心结，帮助他恢复平静情绪。

四、讲究方法很重要

初中孩子的自尊心超强，对成人的教育常怀逆反，对教育态度、口气、词语很挑剔。家长与孩子探讨学习问题时要十分讲究方式方法：多鼓励，少指责；多讨论，少说教；多具体，避空洞；要平等相待，勿居高临下；宜心平气和，戒呵斥打骂；能耐心宽容，而不急于求成。家长不但要告诉孩子“怎样做”，而且要让他明白“为什么这样做”。留给孩子时间，让他改进学习方法，逐步提高；稍有进步，就热情肯定，提出进一步要求。

五、一贯坚持很重要

孩子的问题大多是由家庭问题造成的，虽然表现在孩子身上，根源却在成年人身上，特别是在父母身上。要治孩子的“病”，父母得先“吃药”。

孩子学习中须有持之以恒的劲头，才能学有所成。同样，家长教导孩子时也应该有坚持不懈的精神，对孩子的学习指导不能时有时无、断断续续，想起来就问一问、抓一抓，想不起来或工作繁忙就不闻不问，这样是难以帮助孩子养成良好的学习习惯的。更不能平时看待分数较为理性，而当自己心情不好或孩子多次成绩不理想时，又采取训讽、打骂、体罚等手段打击孩子。

— 青春情怀篇 —

关键词 青春早期

说不得的“小刺猬”

·案例·

甜甜上小学时老是黏着妈妈，亲昵地讲述学校发生的事，甜腻地分享小秘密。她觉得自己的妈妈是世界上最漂亮、最好的妈妈，每次妈妈帮她报兴趣班，她总是欣然参加；妈妈提出批评时，她也乐意接受，说：“妈妈这都是为我好。”

上初中后，甜甜发生了很大的变化，不但不腻着妈妈，还老爱挑妈妈的刺。有一次考试，甜甜的数学考试成绩不理想，妈妈说：“宝贝，从下周开始，星期六你早点起床要补习数学了。”“为什么？”甜甜一听就不开心了，“一个星期下来，我已经很累了，周六、周日就不能睡个懒觉吗？”“睡什么懒觉！”妈妈也不开心了，“学习不能偷懒，你现在怎么这样懒惰呀？”“我懒？你自己呢？每天就知道美容、看电视、搓麻将！”“你怎么可以和大人比！你学习不努力，对自己不严格……”妈妈话没说完，就被女儿打断了：“你们大人对自己严格吗？你们每天不也是混日子？还说我！”

“成绩不好，以后难找工作，少赚钱，过苦日子！”妈妈有些恼怒，提高了声音。甜甜大叫：“庸俗！我读书就是为了以后多赚钱吗？我不要很多钱！用不着苦读书！”说着回到房间，用力关上了门。

随着“砰”的关门声，妈妈的眼泪夺眶而出。面对不知何时变得如此陌生的女儿，该如何是好呢？

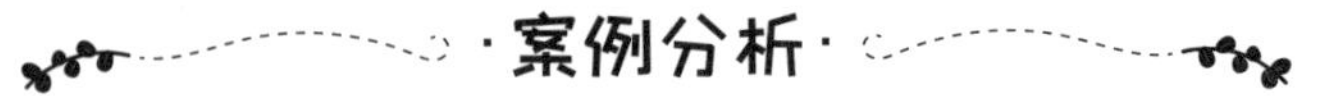

案例分析

孩子上了初中后，仿佛一夜之间突然长大，换了一个人：变得极端、敏感、叛逆，不听人劝，自行其是；有时无法理解他人，还总爱挑别人（特别是家长和老师）的刺；脾气也大得不得了，一说就生气。青春期躁动来得毫无预兆。

甜甜数学成绩不理想，内心可能十分着急，但没有体会“一分耕耘，一分收获”的真正含义，甚至对“为什么学习”感到迷茫。她一改往昔的贴心顺从，变得像个小刺猬，对妈妈的关爱非但不领情，反而大发脾气，毫不留情地挑刺揭短。妈妈如同遭遇晴天霹雳，怎会不伤心？

甜甜的妈妈也多有不足，在孩子面前不注意细节，未能以身作则；想帮助女儿提高数学成绩，却没有与她商量就给她报了补习班；给女儿灌输的学习目的功利色彩很重，被斥为庸俗，无法反驳，只能发火。妈妈的火加大了女儿的火，烧毁了彼此沟通的渠道，使冲突尖锐化，亲情受损伤。

青春期特征是客观规律，不是家长所能改变的；亲子沟通技巧则是主观能力，是父母可以学习并且应该改善的。面对处于青春期的孩子，父母应该意识到：孩子是一面镜子，照出年轻时候的我们，更照出了现在为人父母的我们。面对子女的叛逆，我们要做的不是伤心生气，不能只是不理解、不知所措，而应了解青春期的特征，理解孩子的变化，学会和变化之后的孩子相处，改变自己和孩子沟通交流的方式，摸索着用他们能接受的办法帮助他们解决问题。

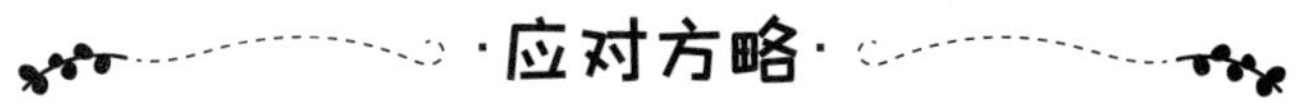

一、了解青春期

青春期是从童年向成年的过渡时期，是量变到质变的过程。初中孩子在短短三年中要经历“儿童期→少年期→青年早期”的两次过渡，处于人生最动荡、最复杂的时期。生理上，身体各方面快速发育，即将达到成人指标。心理上，心智达到一定的成熟状态，由儿童心理状态向成年心理状态过渡；心理基本特征充满了矛盾动荡性，既是心理反抗期，又是情绪烦躁期。

1. 青春期叛逆

（1）对自己的社会地位不满。成人感使初中孩子很不喜欢家长还把自己当小孩子来看待，思想上、行动上都要求有自主权，拥有自由的时间和空间；想摆脱成人的监督，对各种规则纪律心存反感，甚至不愿遵守、故意破坏。反抗的主要对象就是父母，他们常用对峙、顶嘴来证明“自己已经长大了”，用“我的事情我做主！”“我不要你管！”对抗家长的权威。

（2）与主流舆论激烈碰撞。思想观点偏激，看问题易走极端，有时故意和正确观点唱反调；讨厌说教，觉得师长的教育劝告陈腐、老套、啰唆，听不进去。

（3）自我意识急剧膨胀。意识到自己的变化，自我评价过高；唯我独尊，张扬个性，自己喜欢怎样就怎样：“这就是我！我就是这样！让别人说去吧！”不会为家长着想，不理会别人的感受，却介意别人对自己的看法，追求肯定和夸奖。自尊心超强，承受能力很差，受不了批评和挫折。与家长交流有障碍，有事有话不向老师、父母诉说和求助，表现出封闭性。

2. 青春期烦躁

情绪不稳定、暴躁，爱激动发火、为小事生气，对人不宽容，对事爱计较，报复心重；常与同学、家长发生冲突。体内蕴藏着极大的能量，缺少合适的宣泄途径，一有诱因便喷薄而出，可能被冲动所驱使而致行为失控，做出违反道德法律的事情。因此青春期被称为人生中“疾风怒涛”的时期。

父母应从知性和感性两方面表现出对孩子的理解和体谅，不苛求、不激怒，不冷漠、不粗暴，争取成为他们倾吐心事的对象和安慰者。

二、做出好榜样

有人比喻“父母是原件，家庭是复印机，孩子是复印件”“家长是树根，孩子是花朵，如果树根有问题，花朵也会出问题”。家长经常看到的孩子的问题，往往是自己的问题在孩子身上的反映。

青春期的孩子思维能力进一步发展，对人对事有了自己的见解，对父母的待人接物、生活作风都看在眼里记在心里，并自有看法，不再盲目崇拜。父母要加强自我修养，改正自己错误的态度、行为和不良习惯。要求孩子做到的，自己首先要做到；不许孩子做的，自己也不去做。一言一行都严于律己，孩子不但无刺可挑，还有样可学。孩子看到家长自我完善的决心和行动，也会知道自己应该怎么做，效果比父母说教打骂要好得多。

三、改善教育方法

孩子发生这么大的变化，家长的教育方法也必须随之改变，“以不变应万变”绝对行不通。

1. 冷静理智

孩子易激动，家长要少激动，心平气和地和孩子说话，不跟孩子斗气较劲；多站在孩子的角度思考问题，给以辩解的机会和改错的时间；勿以家长的威严强制孩子屈服，尽量避免激起孩子的逆反心理。把孩子挑刺反抗当成此阶段必然的遭遇，自我克制、平息怒气，不要一触即跳、激化事态。

2. 理解支持

家长要学会理解和肯定孩子。父母在表达理解和对孩子问题中的合理部分表示支持的情况下，再指出孩子的不足，这样孩子更容易接受意见、克服缺点，在心绪平和的情况下不断前进。如果父母只是一味训斥、打骂孩子，孩子或是陷入自卑的泥潭不能自拔，或是燃起叛逆的怒火，产生不可预料的后果。

3. 情理结合

对待叛逆的孩子要有耐心，晓之以理、动之以情，用心灵感化孩子。对待倔强的孩子，父母要有耐心，使用软化策略，不要硬碰硬。不论孩子的性格如何，父母都应该放下架子、耐住性子，倾听孩子的声音，以民主平等的方式对待孩子。

4. 沟通协商

家庭应该是孩子说心里话的地方，要把说话的机会留给孩子。平时多与孩子交流沟通，遇事（无论是家庭的重大事情，还是孩子自己学习的事）多听听他的想法，征求他的意见。孩子感到父母把自己当成平等的、重要的家庭成员对待，就会积极参与家庭管理，遵守共同制定的规则。

5. 不做攀比

每个孩子都有自己的个性和缺点，应该在他实际的基础上发展，而不是做别的孩子的复制品。家长不必拿别人家的孩子作为自己孩子的模仿原型，“你看谁谁谁多好，你怎么就不行”之类的话是很伤孩子的自尊心的，这种攀比会把孩子的自信心榨干。只要孩子今天比昨天进步一点，家长就应该祝贺他、鼓励他、肯定他。

关键词 宽严有度

不要你管

一向乖巧听话的小星忽然不乖了，言语中充满着对抗挑衅的意味，留下的是父母的恼火、无奈。

父母叮嘱她多看书多做题，换来："你们烦不烦啊！说了一千遍一万次了！"早晨催她动作快点，却引发"炸弹"爆炸："快点快点，我就是不快！气死你们！"

星期天晚饭后，小星懒懒地蜷在沙发里边看电视边翻卡通书。妈妈提醒她作业还没做完呢，未得回音。妈妈把闹钟放到她的面前，让她看看时间，她也不予理睬。反复几回，她仍然纹丝不动。

一直自诩"非常能忍"的爸爸也不淡定了："你耳朵聋啦？听不见妈妈跟你说话！你眼睛瞎了？看不见几点了！"小星跳起来叫道："我就是聋了！我就是瞎了！一天到晚只知道逼

我学习，星期天也不让我喘口气！白天上兴趣班，晚上还不让我歇一歇！你们有人性没有？”妈妈大怒：“怎么说话呢你！对你严格要求就是没人性呀？吃得苦中苦，方为人上人。”“吃得苦中苦，不管我死活！打死我也做不到平均90分以上。”

在三个人的吼叫、推搡、扔书等一系列较量下，小星爆发出惊天动地的哭喊：“我不要你们管，让我自生自灭好了！读书有什么用？活着有什么意思呀！”

顿时，父母惊呆了，过去表现优秀的女儿怎么会有这种想法？慌了神的父母只能软化态度，爸爸强压怒火，苦口婆心地讲解生命的意义、学习的作用；妈妈放低声音，柔声细气地劝女儿不要发火，平复情绪。可是，小星依然不为所动。

第二天，小星没交作业。

案例分析

很多家长对孩子进入青春期有过心理准备，事先也做了一些功课：看有关书刊，听心理讲座，向朋友咨询，等等。当青春期真正降临在孩子身上时，一开始，“预防针”还发挥了一点作用，父母用眼角余光密切观察着家里这张“晴雨表”，言行谨慎，步步小心，生怕点燃“导火线”，对孩子反应的冷淡、无理还能够强压怒火。但父母也有心情烦躁、忍无可忍的时候，在经历了一段时间的压抑之后，终于失控、爆发，“做过的功课”都不管用了。于是亲子冲突加剧，出现更加难以收场的局面。

小星的父母关心女儿的学习是合理的，问题主要出在家长未能把握好严爱结合的分寸，要求过高，安排过紧，严格有余，关爱不足。初中的日程安排比小学紧，在校时间长，课时多、作业多，孩子放学时已经很累了，回家后、晚饭后应该先休息一会儿再开始学习；双休日更应让孩子放松。父母把小星的时间安排得满满的，孩子在生理上超过负荷，劳累之时最容易暴躁。父母常在女儿耳边唠叨“吃得苦中苦，方为人上人”“没有最努力，只有更努力”，却没宽慰她“学无止境，慢慢学，休息一会，身体要紧”。孩子感到爸妈丝毫不体恤自己，心理上产生反感，亲子冲突的爆发就是必然的了。

小星进入青春期后性情大变，不再是顺从听话的乖宝宝，父母却不能适应这种变化，采取了初中孩子不能接受的反复叮嘱、严词训斥的教育方式。高压引起反弹，女儿先是以沉默抗争，你要我做我偏不做，继而逆反大爆发，软硬不吃，父母只能束手无策。最后两败俱伤，管的没管好，学的没学好，双方心情都不好。

真诚关爱和严格要求相结合，采用适合青春期年龄特征的教育方式，才是解决问题的良策。

·应对方略·

家庭教育的首要原则是：既严格要求，又真诚关爱；爱而有度，严而有格。

一、严格要求，但不严酷

1. 要求严格，必须做到

要求孩子遵守家规、校纪、社会公德、公共秩序，让他明白做人要守规矩，不能为所欲为。

2. 要求合理，能够做到

每个孩子的能力不同，父母的要求必须定位于孩子“跳起来能摘到果子”，勿要求过高过急。比如：要求低年级小学生门门优秀不难做到，要求初中生各门功课平均分在 90 分以上就不容易了。父母提出孩子力所不及的过高要求，孩子使劲跳也摘不到果子，必然失去信心、厌恶学习。

3. 不可放任，更勿放纵

如果家长只顾工作赚钱或娱乐，对子女不闻不问、放任不管，子女受冷落、被忽视，愤恨不满，彼此没有思想感情的沟通，教育子女就更无从谈起。无人督促，孩子管不住自己，不能形成明确的规则意识和学习目的，品学两方面都会出现问题。

4. 刚柔相济，适度强制

父母在对孩子提出要求或批评时，神态要是平静的，口气是温和的，原则却是坚定的，不因孩子的软磨硬抗而放弃。父母必须学会适宜的说话方式，避免唠叨、训斥，提高教育效果。

父母可以和孩子约法三章，商定明确的奖惩措施，奖惩的内容应当兼具物质和非物质。孩子犯错，给他申诉的机会，根据轻重程度区分对待，并给以改正时间，耐心等待。对待品德行为要求必须严，如有不孝敬老人、伤害他人等行为，要立即执行惩罚规定，严重的可以在无约定下执行惩戒。有些事要有强制措施，比如限制玩电脑、玩手机、打游戏的时间，禁止去网吧，等等。

5. 不可责骂，禁止暴力

严格不等于声色俱厉，更不等于粗暴打骂，其他形式的体罚也应慎用。调查表明：经常被打骂体罚的孩子智力受损，学习不佳，身体损伤，性格扭曲；长大后要么畏首畏尾、懦弱退缩，一事无成；要么成为事事都以暴力解决问题的好斗者。

父母不能为了树立自己的权威、维护自己的面子，动不动就对孩子破口大骂、拳脚交加；不能因自己遇见不开心的事，就把孩子当成出气筒。简单粗暴的方法实质上反映的是家长教育的无能。现如今，棍棒底下可能出不了孝子，只会招致孩子的反感、仇恨、报复，并有可能发生恶性事件。辱骂讥讽属于软暴力，同样损伤孩子的自尊，恶化亲子关系，严重的还会导致孩子产生心理障碍。打不是疼，骂不是爱；爸爸要管住拳头，妈妈要管住嘴。

二、坚持原则，抓大放小

向孩子严肃地讲清楚做人的基本底线、父母能容忍犯错的红线，告诫孩子这是无论如何不能突破的。设定了底线，犹如给孩子画了一个“框”，让他在框里享有充分自由，超越这个框就意味着突破道德底线，要受到惩罚。

没有框的“绝对自由”会使孩子不会自我管理，不知道什么行为是不可取的，只能看爸妈的脸色猜测爸妈的心思，被罚、被骂、被打都感觉自己是无辜的。如果长期没有固定的宽和严，孩子从小就不会有规则意识，不知道做人的底线和原则。所以父母要通过和孩子共同商定惩罚措施，让孩子知道违反原则所需承担的后果。

要分清主次，不要管头管脚让孩子失去自由。大事亲子共同商议，小事可以适度放手，让孩子自己做主。父母就像教练，让孩子在学习和生活的赛场上自己去打拼，教练只要教会他们方法，做好场外指导就行。父母对待孩子，要像放风筝，只有放了才能飞，但是线不能撒手、不能断。

三、信任欣赏，坚守承诺

家长要信任孩子、欣赏孩子，相信他想进步、会进步，不要只盯着他的缺点。既然画了框，引导孩子管理自己、坚守承诺，家长就要温柔地坚持原则，说话算话、兑现承诺，这样孩子才会认为当初的约定是平等的，是大家都要共同遵守的家规，而不是霸王条款。父母获得了孩子的信任，困难时给予其帮助，建议切实有效，沟通越来越顺畅，解决问题就比较容易了。

在任何情况下，父母对孩子的信任不能放弃，对孩子的欣赏不能放弃，对孩子的帮助和建议不能放弃，对自己的学习和完善不能放弃。

关键词 人际交往

在真诚交友中成长

·案例·

雨彤一进家门就气呼呼地说:“爸,如果老师问你,你一定要为我澄清事实,我可没有在家一直打游戏!”“怎么回事?”“某同学一直打游戏,被老师发现了,说是我教他玩游戏的,还说我在家里也一直玩游戏。真是太气人了!还自称是我的好友,竟然对老师胡编乱造冤枉我!”

爸爸虽然并未发现儿子老打游戏,可是那段时间恰逢他成绩退步,就没好气地说:“你自己也好不到哪里去!为什么人家会冤枉你而不冤枉别人?肯定事出有因。”雨彤气上加气:“你也这么说?你们都不理解我、帮助我!好,明天我自己去找他解决!”听到这话,妈妈出面了:“说来听听怎么回事,看我能不能给你些建议。”

原来,周末雨彤和同学们一起去骑行,在等人的时候,他随手玩了一把手机游戏，被某同学看到了。妈妈说："我知道你在家确实没怎么打游戏。你不是说过咱俩是知心朋友吗？愿不愿意听听我的两个建议？"雨彤点头。妈妈劝导："如果你俩是好友，你要给他一个机会。一个人难免犯错，他被老师批评，'慌不择路'，采取了这种应急办法，你就原谅他一次吧。如果不是好友，你从这件小事上可以真正认识他，今后人际交往时，也要注意通过一件件小事判断某人是否可以成为自己的好友。如果你自己各方面都很优秀，老师一定会信任你的，你对自己有这样的自信吗？""有！"孩子的气解了。

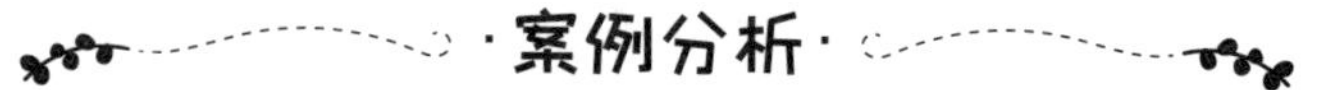

·案例分析·

本案例中，父亲与母亲在同一件事情上的不同处理方法收到了完全不同的效果。父亲过于急躁，没有了解清楚事情的缘由就下定论，不仅冤枉了孩子，形成了父子矛盾，还会激化雨彤和同学之间的矛盾。这不仅使亲子沟通渠道受阻，更没有教会孩子如何正确处理人际关系危机。而母亲选择了较为温和的方式，首先让孩子申诉，了解了事情的经过，明确孩子在这件事中应负多少责任，然后以知心朋友的身份给出建议，告诉孩子在不同的定位下应如何处理，最后让孩子自己做决定。选择的过程让孩子加深思考，对处理人际关系有了更深的理解。

十五六岁的孩子不再像小学时那么幼稚，但也还没有完全成熟；接触的人、遭遇的事多了，却不善于处理日渐复杂的人际关系。这段“塑性期”需要家长的引导与扶持，指导孩子学会与他人交往，为日后在社会上处理好人际关系打好基础。

要让孩子有自己的朋友，但不要有太杂乱的伙伴，交友的同时要警惕沾染同伴的坏习惯。如果家长对孩子的小伙伴过于挑剔，不欢迎他们来家中做客，或者不让孩子和他们交往，孩子交友的能力得不到发展，长大以后就很难与任何人自然地相处。

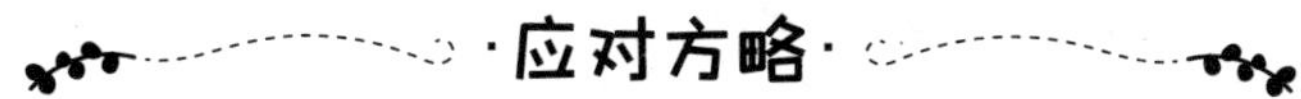

·应对方略·

一、重视人际交往指导

人际关系是影响孩子成长的重要因素，但对此的指导却往往在家庭教育中被忽略，或者有教育但观念错误、方法不当，收到的是负效应。

家长要充分利用自己的社会阅历，帮助孩子走出自我世界，在广泛的人际交往中成长。

1. 广泛交友，寻找知己

和所有同学都和睦相处，形成较大的交往圈，先进行一般交往，注意观察对方的为人，不要轻易给对方下结论。随着交往次数的增多、了解的深入，孩子会找到知心好友。朋友越多越好，知己两三人足矣。

2. 展现自己，获得认同

在交往过程中逐渐展示自己的优点，发现自己的不足并加以改正，以获得他人的认可。

3. 抛弃自我中心

如果时时事事从自己的利益和想法出发，要别人听从于自己，却不为他人着想，必定会受到他人的排斥，也就交不到好朋友。要学会换位思考，遵守交往规则。

二、讲解人际交往原则

1. 乐意交往，融洽相处

让孩子思考人生：上学、活着，除了今天的学习成绩、未来的工作成就，还应追求什么？你打算怎样与人相处？希望自己在别人心目中是一个什么形象？你的精力和时间应花在什么上面？为一点小事和别人闹矛盾、搞摩擦，值不值得？为什么会计较过多，挑剔他人，孤立自己？为什么要给自己和他人制造不快乐？想通了，心情就开阔了。鼓励孩子乐于交往，主动向他人伸出友好之手；也教会孩子善于交往，克制可能导致不快的言行。

2. 心存善意，态度友好

善意是与人相处的出发点，也是个人品格的基础。应该待人真诚、尊重他人、与人为善、为人随和。不要故意跟人过不去，或以为别人都跟自己过不去。不要幸灾乐祸、故意让人不高兴，更不要有“我得不到的也不让你得到”这样的想法。有的孩子交往受挫，说：“我对人真诚，别人不真诚，我上当受骗了。”“因为人家虚伪，所以我也虚伪。”家长应及时引导孩子正确总结经验教训，远离心地不善之人。但不要防范意识过强，不相信任何人，不说真心话，误会别人的好意。更不要处处要心机、坑害别人。那样的话，不是学乖和成长，而是做人准则扭曲、精神境界不高，将来在社会上不会受欢迎，也会给自己带来更多的麻烦和痛苦。

3. 自知知人，严己宽人

自我评价不要过高，对人评价不要过低；既不自负也不自卑，既自尊又尊重他人。对自己严格要求，自觉改正缺点错误；对他人宽容包涵，不要老是挑剔讨厌别人。不计小过，不记小仇，拿得起，放得下。试着体谅、宽容朋友，以微笑应对别人无意的过错，这样能化解很多友谊危机。“海纳百川，有容乃大”。“容”既有宽容，又有包容。同学之间更要讲包容，要对朋友敞开宽广、豁达以及友好的胸怀。宽容是美德和气度，更反映涵养和境界。这是个人修养的重要标尺。

4. 正视差异，异质整合

人与人之间有差异是必然的，不能老是看不惯别人、要求别人和自己一样，就像你也不会把自己变得和别人一样。有差异才有多样性、丰富性，才可能互补互助。何况自己的习惯、方式、想法不一定是最好的，与其强求别人改得和自己一样，不如让自己改得更好一些。交友，就是应该互相学习。每个人身上都有值得学习的地方，吸取每个朋友的优点能促进自己不断完善，这样的友谊更有意义。

5. 巧妙灵活，化解矛盾

矛盾不可避免，化解要及时，防止“滚雪球”。解决问题的最好办法不是口水和拳脚，而是心平气和地与对方交换意见、交流思想、沟通情感。小事过去就算了，立马抛诸脑后；原则必须坚持，误会当面澄清，不要藏在心里生闷气。沟通化解有多种途径，可写信、请人转达，或在热闹场合自然交往，等等。

三、教授人际交往技能

1. 真诚地赞扬他人

心理学家认为：人类天性中最深切的冲动，是做个重要人物的欲望；人性中最深切的期待，是被人赏识的渴望。把每个人都看作重要人物来尊重，以礼相待——令人感动；努力发现和赞扬别人的优点，真心赞赏——使人激动；在尴尬场合让别人保住面子，得饶人处且饶人——使人感激。

建立良好关系最有效的方法，是赞赏别人身上并非显而易见的长处。但虚情假意的恭维令人不快，假赞扬真讽刺令人愤怒。通过挑别人的错来显示自己的高明，是最愚蠢的，因为贬低他人，就意味着自己渺小。

2. 谈话的技巧

说话不要过分急切、激烈或夸张，要考虑场合，讲究分寸，求同存异。要懂得照顾他人的情绪，及时做出适当的反应。更要注意倾听对方讲话，以示尊重。

3. 对待争论与批评的态度

不要试图以争论来改变他人的观点，不能不接受他人的批评却一味要求别人接受你的批评。

4. 注意身姿、动作、神色

忌不礼貌、威胁、轻蔑的姿势，例如与人说话时手叉腰、胸前交叉胳膊，抖腿、跷二郎腿，手指鼻尖；别人说话时不能表现出不耐烦的神态，例如东张西望、看手机、叹气、扭动，或打断别人说话。

关键词 异性交往

男生女生，只是同学

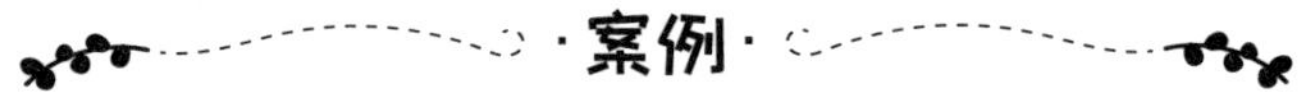
·案例·

快 21：30 了，栋栋还没做完作业。妈妈疑惑地推门进了书房，只见儿子慌乱地藏起了什么，还不敢抬眼看自己。在妈妈严厉的追问下，他只得拿出手机，原来是在和女同学发短信！这还了得！“你早恋？”妈妈质问。儿子坚决否认：“怎么啦？不能跟女生聊天呀？我们只是同学！”

妈妈在网上疯狂搜寻关于青春期教育的资料，可是，任她用尽千般计，儿子依然我行我素，不但未停止和女同学的短信来往，还和同学一起看电影，甚至学会了说谎、考试作弊。

妈妈终于忍不住发飙痛斥，抡起扫帚柄一下下地打过去，心底痛楚着：儿子与父母越来越陌生了……

·案例分析·

现在的孩子产生异性交往的热切向往和行动，比家长预想的早得多，孩子避免不了，家长压制不住。父母没有禁止的权利，只有引导的责任。栋栋妈妈缺乏相关知识，没有提前做好心理准备，更未能提前对儿子进行青春期教育，猛然发现孩子已开始异性交往，大出意外，又无对策，只会打骂，结果当然会事与愿违。

社会、学校和家长一直把异性交往视为洪水猛兽，常给交往密切的男女学生贴上“早恋”的标签，少年们只能胆战心惊地把迈向异性友谊的脚步收回。其实，很多男女少年的接触并不是想谈恋爱，也没有什么非分之举，可能只是兴趣相投说得来，只是一种友谊而已。家长们要听听中学孩子发出的呼吁：“我们的交往是纯真的友谊，不像你们想的那样复杂。”“请别对我们的交往说三道四，难道男女生之间就不能大大方方地交朋友吗？”像栋栋妈妈那样不由分说地认定孩子早恋，其结果或是误伤孩子的纯洁友情，或是直接把孩子逼上“你说我谈恋爱，我就真的谈给你看”的逆反之路。

父母可从以下几个方面判断孩子异性交往的水平：

（1）与几位异性友好相处。

（2）在异性面前的表现。

（3）有分歧时的处理方式。

（4）解决矛盾的处理水平。

（5）遇到外界阻挠或误会时处理问题的能力。

这些也是引导孩子进行情感的修炼，预防各种行为偏离，进行健康的异性交往的切入点。

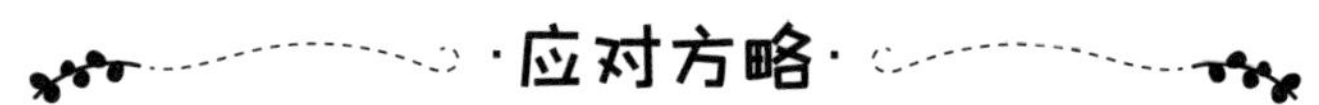

·应对方略·

一、全面看待青春期异性交往

1. 与异性交往的必然

初中孩子的性生理趋于成熟，性心理迅速发展，向往异性交往是青春期身心发育的必然现象。并非只有“差生”才热衷于异性交往，“好孩子”也有异性交往的意愿，而且机会更多。心理学认为，一个人从初中开始就要建立异性友谊，如果等到离开学校走上社会后才开始学习与异性交往，就会因缺乏锻炼而感到非常困难。

学会与异性和睦相处，是社会人际关系适应和事业发展的必要准备，也是对未来婚姻的准备。这不在考试范围之内，却是人生的一门必修课。

2. 正常交往的益处

（1）满足心理需求。青少年渴求得到异性伙伴的肯定和接纳，渴望体验被接受感、稳定感和愉悦感，同时也可以通过交往，增强自信，缓解学习压力和青春期身心不适，品尝快乐的青春时光。异性同学一起参加集体活动，心情会格外兴奋舒畅；和异性讨论问题，思维方式互补，能提高学习效率……这就是异性效应产生的激励作用，应了“男女搭配，干活不累”的俗话。

（2）发展性别认知。青少年在异性交往中可以了解不同性别的同伴在行为方式、思维方法上的差异，学会尊重和包容这些差异并互补互助，发展理解力和宽容大度的品质，弥补自己性别特质的不足；还会更注重自我形象，产生强烈的自我表现欲望，促进自我认知、自我完善。

（3）促进个性完善。一般来看，既有同性朋友又有异性朋友的中学生，往往性格比较开朗，为人诚恳热情，乐于帮助同学，自制力和适应能力也比较强。那些独来独往，或局限在同性同学中交往的人，则有可能缺乏健全的情感体验，个性胆小孤僻，不具备与异性沟通的能力，社交范围和生活圈子比较狭小，社会适应力也比较差。

3. 可能产生的弊端

男女同学之间的交往处理不当，会带来情绪和行为上的困扰，妨碍学习和身心健康。例如一对一交往过密，超越友谊界限，产生爱情错觉，过早萌发情爱，过早扮演“小情侣”

的角色，沉迷谈情说爱不能自拔，导致无心学习，疏远集体。

4. 必要的干预引导

《中学生日常行为规范》中要求同学“正常交往”，并未绝对禁止异性交往。家长应从正面加强青春期教育（性生理教育、性心理教育、性道德教育，异性交往行为规范），适当允许并有效指导孩子进行正常的异性交往。发现孩子与异性交往过密或行为不当，必须及时干预、进行引导，对超越异性友谊的事件谨慎处理。只严防死守、绝对禁止，事先不进行指导、事后采取过激措施，只会导致孩子产生心理障碍或引发恶性事件。

极少数孩子会拒绝或害怕与异性任何形式的接触交流，面对异性就脸红发抖、说不出话，要诊断是否患有社交恐惧症，及时进行心理干预。

二、异性交往指导的内容

1. 鼓励广泛交友

鼓励孩子多参加集体活动，舒展身心、锻炼意志，对生活充满激情，这样可以帮助孩子大大缓解、冲淡因性意识带来的躁动不安。让孩子知道：集体的友谊是人生的感情支持资源，朋友们互相支持着，一起顺利完成从少年到成年的过渡，会留下终生难忘的美好记忆，其中一些人可能成为你终身的朋友、事业合作的伙伴。在集体活动中，既交同性朋友，也交异性朋友，但应和多个异性同学交往，不是只专注于一个。只关注一棵花木而忽略了整个花园和森林，就会丧失丰饶的情感支持资源。

孩子想邀请异性同学到家里学习或聊天，父母不便硬性拒绝，但要态度鲜明地表明：在中学阶段，不支持“一对一”的异性相处。同时，与孩子商定异性交往的具体规则。

2. 指导适度交往

告诉孩子：青春期是学习自律的关键期，正常的异性交往取决于掌握恰到好处的“度”，交往的程度和方式要恰当，才不会影响正常的学习和发展。男生女生，只是同学而已，彼此相处的分寸应保持在同学关系的范围内；即使两人谈得来，愿结交为知心朋友，言行也不能毫无顾忌。交谈不涉及两性的敏感话题，尽量避免身体接触；不要一下子就同某个异性交往过深、次数过多、时间过长，更不要同异性单独约会。把握住自己，既不对异性过早地萌动情爱，又不因生硬拒绝而造成对方的心灵伤害。更重要的是，要有奋斗目标，要提升人生境界，把精力集中到学习上。

3. 贵在自然真诚

告诉孩子，消除异性交往中“不自然感”的办法是：像对待同性同学那样对待异性同学，像进行同性交往那样进行异性交往。言语、表情、行为举止、情感流露及所思所想要做到自然、顺畅，既不过分夸张，也不闪烁其词；既不盲目冲动，也不矫揉造作。见面很高兴，分别不想念——这是异性友谊与早恋的区别。如果有同学或老师误以为你在早恋，你只要做到自然适度、心中无愧，就不必过多顾虑。

真诚是建立友好关系的第一要素，你想真正地拥有正常的异性好友，在交往过程中就要做到坦荡无私、以诚相待、相互信任，不能只是想从对方那里获得某种好处而“临时利用”；也不能说假话，用假面迷惑对方、获取好感。如果对方有其他异性朋友，不要反感、反对。

4. 增强自制力

提醒孩子：目前社会环境很复杂，部分网络信息、媒体舆论、文艺作品、影视娱乐中含有“垃圾”“有毒”信息，尤其是色情信息泛滥。你在异性交往中必须分清良莠、抗拒诱惑，不被负面信息欺骗或侵蚀，切勿在性刺激下不能自控，不因好奇或冲动而掉进深渊中。和异性同学谈话，不要涉及性的内容，避免挑逗的姿态表情；意识到自己对某个异性“怦然心动”时，就应告诫自己，及时“撤离”。女孩子特别要加强自我保护意识，千万不要在异性交往上栽跟头、毁前程。

三、异性交往指导的方法

1. 制定交往规则

遵守交通规则可避免车祸，遵循异性交往的规则能使孩子在异性交往中自律自制，有效避免烦恼、危机、事故、犯罪及其他重大伤害等。

2. 开诚布公地讨论

家长不要总是片面强调异性交往可能产生的弊端，而应公正地承认异性交往也有益处，异性间的互补具有不可替代性。这样孩子才听得进去。凡是孩子感兴趣的话题，家长都可以开诚布公地和孩子探讨和争论。以轻松的口气询问孩子对周围异性伙伴的印象如何，以了解孩子的情感倾向和所思所想；共同议论媒体报道的案例或某些影视剧中的情节，发表各自的看法，帮助孩子辨别正误，增强自我控制能力。

父母可以讲讲自己青春期中的异性交往经历和故事，让孩子说说自己的看法。青春期教育，父母都不能置身事外，不仅应该对孩子讲解性生理知识，更应对孩子进行性道德教育。

3. 营造温暖家庭

让孩子在家庭中充分享受温暖和快乐，不致到外面去寻找温暖。两代家长都要为孩子做出和睦相处、互尊互助，以及与异性同事、朋友、邻居友好交往的榜样。

孩子去异性同学家玩耍或异性同学来访时，只要情况正常，家长应同意或接待，但要注意观察；孩子与异性同学通过电话、微信、QQ 联系时，只要没有异常，家长不应禁止，但可提醒频率不要太高。孩子感到家长的理解宽容，便不会产生逆反心理和行为。

关键词 异性好感

我就是喜欢他

·案例·

晚饭时，宁宁无意中说到班上某女生长得特别漂亮，追她的人特多，长得很帅的某男生也是她的粉丝……言语中流露出许多羡慕。联想到宁宁最近的种种爱美表现，并且长时间盯着手机，妈妈有点担心了：这孩子是不是在早恋啊？

于是妈妈偷看了女儿的手机，发现了许多蛛丝马迹，诸如："我要减肥，我要变成白天鹅，我要让他喜欢我！"妈妈又气又急，但尽力让自己冷静下来，决定和女儿好好谈一谈。

"宝贝，你今年15岁了，"妈妈接着说，"这正是懵懂的年龄，还不懂什么是真爱，怎么能早恋啊？学习才是重点！"宁宁一听就急了："我什么时候早恋啦？""你看你最近老穿漂亮衣服，老拿手机聊天，不是早恋是什么？我马上和你班主任联系，手机今天开始没收了！""我没有早恋！我就是喜欢某某某怎么啦？你告诉班主任，我还是喜欢他！又不犯法，你们能把我怎么样？”妈妈也急了：“从今天起，不许你和他来往！你要是不听，看我怎么收拾你！”

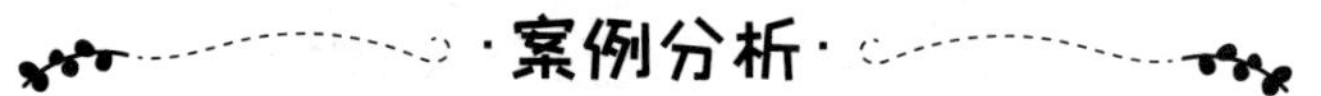

青春期的孩子在同窗共学的过程中，产生了对某个异性同学的好感，这是正常的。这种情感是一种真正发自内心的喜欢，但也仅是一种“异性好感”，还不是真正的“恋爱”。这种纯真的感情可以成为进步的动力，构成宝贵的经历，甚至成为一辈子珍藏的美好感情。这种朦胧的爱慕心理，表明孩子已经长大，正在进行一项修护自我的过程。

家长发觉孩子对异性萌生了好感时，不要将之与早恋混为一谈，也不必大惊失色、如临大敌，而须理性寻找孩子能接受的疏导办法。宁宁的妈妈武断地认定女儿早恋，采用强硬措施严令禁止，宁宁当然不能让自己纯真的感情被“亵渎”，决意坚守自己的“喜欢”，于是冷战或激战在所难免。

感情是外力所难以左右的，尤其是青春期孩子的感情，父母越是高压严禁，孩子越要奋力反抗。本来只是一般的异性好感，却可能被逼成了真的早恋，而且交往由公开转为地下，使父母和老师失去了对他们的掌控。由于缺乏父母的正确指导，一些无知的孩子做了不该做的事情，给一生带来无法消除的阴影。

初中孩子还没有能力把握复杂的感情问题，如果放任他们纵情于异性好感而不能自已，就会无心学习。父母对孩子的异性好感应进行适当的干预。但干预不是粗暴阻止孩子的一切异性交往、干涉孩子的行动自由，而是和孩子进行知心的沟通交流、贴心的心理疏导。疏导孩子的情感就如同治水，不能像鲧单纯筑坝拦堵，导致决堤；而应像禹疏通泄洪渠道，引水入海。

面对宁宁这样的情况，家长与其徒劳无益地试图堵住孩子情感的闸门，不如因势利导，疏通心结，抚慰情绪，容许她把“第一次喜欢”保留在心底，把注意力和精力投入当前的主攻目标，专心学习，顺利度过青春期情感关，在人生道路上走得更稳。

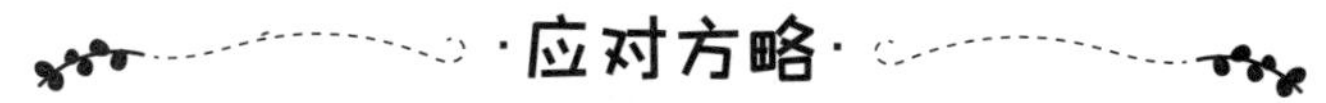

一、弄清事实，区分异性好感和早恋

正式的恋爱基于一定的经济基础，指向双方一起共同生活。初中孩子的异性好感根本不包含这两个主要因素，所以一般不能称为“恋爱”。他们并不考虑和追求这份感情的结果和回报，想要接近又若即若离，在心底偷偷体味爱慕的滋味和略带迷惘的自我心理折磨。仅流行于我国大陆的“早恋”一词，没有明确的年龄界定，一般认为早于18岁的恋爱算作早恋，中学的教师和学生家长则把上大学之前的“异性交往”或“异性好感”统统认作早恋，对此极其敏感，严厉禁止。

较多见的情况是，父母一发现孩子与异性同学来往或通信，就立刻责怪子女早恋。其实根本还没有弄清基本事实，就急于下结论，既亵渎了孩子心中美好的梦幻，又阻塞了孩子成长过程中不可或缺的与异性相处的学习途径。也有另一种情况，孩子刚开始体验到异性对自己的吸引，受影视作品和成人行为的影响，就误以为自己在恋爱了，宣告自己爱上了什么人。如果父母信以为真，用成人的爱情观念和道德标准来告诫、约束孩子，必然激起孩子的强烈反抗。而父母的反对、阻止反过来又让孩子确认自己是“恋爱”了。

如果父母仅把猜测与想象作为教育依据，是不会被孩子接纳的。冷静的父母首先要弄清事实，区分孩子对某个异性的喜欢，是一般的异性好感还是真的早恋。从了解孩子的感情处于什么状态、对其目前的生活与学习具体产生了什么影响入手，然后依据事实为孩子做客观的分析。把握了事情的实质，才能确定疏导的内容和用词，切忌随便把孩子的异性交往定性为“早恋”。

二、设身处地，尊重并接受孩子内心的情感

父母需先调整自己的心态。孩子喜欢某个异性同学，或被某个异性同学喜欢，父母要意识到孩子真的长大了，情感不断完善了，应该感到欣慰。但这欣慰中又掺杂了太多的不安和惶惑，怎么办呢？

发现孩子有了喜欢的人，父母要设身处地去体会其感受，对孩子表示尊重并接受他内心的情感。告诉孩子：喜欢别人和被人喜欢都是一件幸福的事情，很幸运你在这个年龄阶段可以有喜欢的异性，这会是一段美好的青春记忆。

父母率先敞开心扉，现身说法与孩子一起区分幼稚的感情（好感）与成熟的感情（爱情）的区别，点明处理好感情问题对生活的重要性。父母摘下“绝对权威”的严肃面具，显露人性中的丰满情感，以平等的朋友身份与孩子谈心，拉近亲子之间的心理距离，这样孩子更容易接受父母所讲的道理，并从父母的成长经历中吸取有益的经验，选择对自己的成长更有利的感情处理方法。父母“走下神坛”，让孩子感到父母是可以亲近和倾诉的对象，能以放松而平静的心态面对这份感觉，而不致由于受父母压制而费尽心机隐瞒或者抑制感情，使心灵受伤；再或者为了捍卫自己的感情和自尊，奋起反抗。

当孩子愿意敞开心扉谈自己的情感时，父母就可以提出

劝告了：产生好感是很正常的，但不宜过度放大，把好感当成恋情；更不能任其发酵，让正常的异性交往演变为幼稚的早恋。如果孩子确有从异性好感升级为早恋的迹象，父母仍然不要慌乱，避免教训呵斥，谈话要立足于表达父母的关爱，不要只强调早恋对学习的影响，那会使孩子觉得父母眼中学习比他本身还重要，因而产生反感心理。不要开口先说“你现在谈恋爱就不考虑自己的前途啦？”因为“未来前途”对孩子来讲还很遥远很抽象，而“就是喜欢”的感情波澜却是现实的；用未来前途要求孩子放弃眼下的感情，很难做到。

要以孩子能感受到的切身利益做关注点，比如：因为处理感情问题、控制情绪的能力还比较弱，早恋会影响自己的身心健康。可以先举反面实例：就我们几十年所见，初中生谈恋爱最后都不欢而散，因为青春期的感情和评判人的标准带有很大的易变性，你现在喜欢一个人，过一阵可能就不喜欢了；可能原来觉得他很好，详细了解之后觉得失望了，甚至觉得有些缺点令你难以忍受。如果你现在就把两人的关系固定化，以后一旦出现裂痕分手时，就会给双方带来伤害和麻烦。现在感情陷入越深，今后分手时就越痛苦。让孩子明白心理发展的不成熟状态必然导致自己在感情经历上遭遇许多挫折，不如等再长大些、成熟些再说。接着让孩子说说自己内心的感受，自从交了异性朋友之后，过去的平静是否被纷扰困惑打破，学习时是否不专心了，成绩是否下滑了，让他自己为自己敲响警钟。这样，以恋爱事件对目前情绪、学习的影响作为说服依据，使孩子确实感受到过早恋爱给自己带来的损失和压力，自己做出选择。这样更能使孩子体会到父母对自己的关心，减少对父母教育的误解和反抗。

青少年自己认为真正的恋爱是什么样子呢？在关于“爱情中第一位重要的因素”的调查中，初中学生说是“吸引”，包括好感、崇拜、帮助等；高中生认为是“亲密”，包括志趣相投、谈得来、有共鸣等；大学生认为是“关心”，包括理解、为对方着想、交流中形成默契等。可见，对爱情的理解是随着年龄增长逐步加深的，到成年后才能把这三大因素完美结合起来，形成真正意义上的爱情。而成年人的爱情也变数多多，处理不好而断送事业甚至生命的实例也屡见不鲜。

以上调查结果也可以用于教育孩子：在初中生这个年纪，难以妥善处理爱情，过早恋爱只能是白白浪费感情和时间。人的一生，在不同阶段要处理不同的问题，未成年时的主要任务是学习知识和做人，恋爱婚姻是成年后的事；现在父母不支持你谈恋爱，到你成人了、工作了再恋爱时，父母一定会给你支持和帮助。与生硬阻拦相比，这样的指导给予了孩子应有的尊重和理解，对孩子摆脱早恋情感的诱惑会更有效。

三、情理结合，引导孩子获得解决办法

当亲子双方坦露心迹后，父母就可以为孩子出谋划策、保驾护航了。假如是女孩，让她说说所喜欢男孩的优点，最吸引她的是哪些方面。女儿可能说他长得又帅又高，体育棒，人缘好，讲义气，肯帮助别人；又或者学习成绩好，知道的事特别多。家长可以和孩子讨论这样的男孩会喜欢什么类型的女孩，会不会喜欢你呢？有没有别的女同学也喜欢他？和他的优点相比，你有哪些方面做得不够好呢？还有哪些男生也有这样的优点？你对这些同学是不是也都有好感？引导孩子去发现大家身上的闪光点，把交往引向同学间的友情，消除专一性，自然地将这份感情归于平淡。

如果孩子因对方长得特别帅（美）而喜欢他（她），家长可以说：相貌出众的男生（女生）太多了，除了相貌更要看他（她）为人好不好、可不可信赖、值不值得你去喜欢。将来你选择男（女）友或丈夫（妻子）的标准，主要是人品而不是颜值。长相是父母给的，但品格是自己修炼的。你希望一个出众的男（女）孩喜欢自己，就要具备出色的才华和气质。“腹有诗书气自华”，你如果读书万卷，日后气质自然出众，那时被你吸引的男（女）孩会更多、更优秀。这样悄然把“谈恋爱是将来的事”的观念输入到孩子的潜意识当中，把向往爱慕转化为自我完善的动力。

除了给孩子健康、开放的交往机会，还要教给孩子一些正确交往的方法。例如，有人向你暗示爱慕之情，你可以装作不明白、态度冷淡，过一段时间，对方自然会明白你的意思。如果女儿说有异性同学对自己追得很紧，她不知怎么办，父母可以教她：发一条短信给他，明确表明态度说我们都还小，应集中精力学习、应对中考；我与你只是一般同学，今后不要私下单独联系。对方如果要求单独面谈，应该态度平和地坚决拒绝他。也不必从此不理，依旧像普通同学一样相处，但拒绝约会。如果对方仍旧穷追不舍，你的言辞态度就要严厉些，警告他："你再纠缠，我就告诉老师了。"

如果孩子动了真情，家长可以给予这样的劝告：你们不妨把这份感情冻结起来，来日方长，让情感在岁月的长河中接受时间的考验，为两人关系的发展留下充分的余地。这样多么坦然，多么从容！都说先立业后成家，五年十年后再做选择也来得及，现在着什么急呢？说近一点，三四年后上了大学，如果你俩还互相欣赏，就可以把感情"解冻"，继续交往；如果那时感情已经消失，说明原来的基础不厚实，幸亏没有走得太近，影响太深。十五六岁就将两人的关系贴上"恋爱"的标签，不仅变数太多，也限制了自己。以后又遇见更好的男（女）孩感到后悔怎么办呢？选择权已被自己剥夺了，内心只能纠结和痛苦。这种善意劝说比强令二人立即断交更容易被孩子接受。

四、家校沟通，联手配合共同引导

家长在家疏导孩子的同时，可以与班主任进行沟通，了解情况，共商办法，请老师不动声色地关注孩子的异性交往及学习情况，个别做工作，不在班上公开批评或冷嘲热讽。如果两个孩子都很投入，父母和老师可以分别劝说两个孩子，还可以请班主任把情况反映给对方父母。双方家长可直接联系，取得一致认识和行动，各自教育自己的孩子，而不是互相指责。

关键词 保护隐私

和“秘密”一起长大

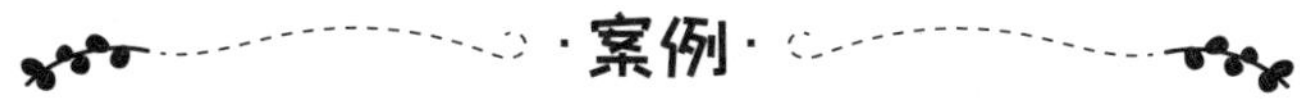

当妈妈还怀揣着“吾家有女初长成”的喜悦时，瑶瑶不同于小学的种种表现也陆续展现。

她开始有自己的秘密了：接同学电话时把房门关上，书包不像以前那样东扔西放，直来直去的她说话说一半会突然把后半段咽下去。瑶瑶的QQ和妈妈共用一个密码，当妈妈登录后她会不高兴：“你登我的QQ干吗？”

妈妈找瑶瑶谈心，才讲了一两句就被女儿鄙夷的目光把话憋了回来，只能放弃谈话。晚上瑶瑶睡了，妈妈偷偷打开女儿的日记本，映入眼帘的竟然是：

昨晚，照例，妈妈以为我睡着了，蹑手蹑脚地走进我的房间，小心翼翼地打开我的日记本，走马观花地看完之后悄悄转身离开。大人们真的太阴险了！卑鄙无耻……小时候你们常常教育我要会尊重他人，可是你们知道“尊重”是什么意思吗？或许这两个字你们都不会写吧？

每个人都会有秘密，有些是可以说的，有些秘密只能留在自己心里，懂吗？我已经长大了，你们却不肯帮我，帮不了我。当我失望、烦恼的时候，你们不能或没有时间听我说，我只能跟日记本倾诉；当我对你们有意见的时候，我又不敢惹祸上身，就只好对日记本说说；当我做错说错什么时，我会捂着耳朵不听你们的唠叨，在日记本上检讨自己。你们却要偷看我的日记，侵犯我的权利，还以为是理所当然！

妈妈很是吃惊，呆立片刻，跑回自己的卧室，向丈夫哭诉。次日早上，女儿阴沉着脸，一言不发，不吃早餐就上学去了。

妈妈在桌上发现一张字条：

我要捍卫自己的权利！你们——

不许看我的手机！

不许看我的日记！

不许看我的QQ！

不许替我接我的电话！

不许动我的书包、抽屉！

·案例分析·

孩子进入青春期后，家长们明显感到亲子关系变得疏远，孩子开始保密：一回到家就把自己的房门一关，到饭点时才出现；饭桌上无话可说，问他什么只“嗯”一声，匆匆吃完又回房，关上甚至锁上门；打电话、聊微信、上QQ都回避父母。父母难以走进孩子的内心世界，不能知晓、理解孩子的真实想法。孩子的心好像筑起了一堵墙，孩子在墙内，父母被关在墙外；墙内的人不出来，墙外的人进不去。

孩子有了成人感，希望得到大人的尊重。“长大了”的意识使他们把自己的一些事情归结为“秘密”，给日记本加密、给抽屉上锁，利用网络、手机等电子产品躲避家长的视线。他们发现父母也有许多缺点，尤其是对自己不理解、不尊重，很多问题父母不能解答，于是不再把父母当成偶像，心里有话也不再对父母说，进入了心理闭锁期。

除了婴儿，每个人都有自己的秘密。中学生强烈要求保护自己的隐私，日记是严禁入内的“军事禁地”，谁敢擅闯，坚决抵抗！瑶瑶在日记中对父母进行严词斥责，她鄙夷的目光表达了青春期孩子对家长刺探自己隐私的极端反感，她发出的呐喊“我要捍卫自己的权利！”代表了无数同龄人的心声。

父母在伤心、愤怒、不解之余，必须反思：使用偷看、偷听之类不光彩的办法，是否暴露出自己教育的无能？难道就没有别的方法了解孩子了吗？怎样才能让孩子自动敞开心扉、吐露秘密呢？

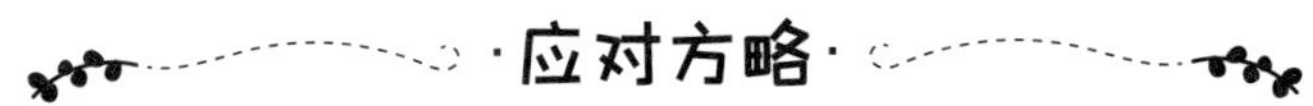

·应对方略·

一、加强道德法制观念

父母往往出于对孩子的关心和爱护，千方百计地窥视、探测孩子的隐私，以为：孩子是我生我养的，我对他做什么都可以，看日记、查手机、翻书包有什么大不了！万万没想到这侵犯了孩子的隐私权，是违法行为、不道德行为。

我国法律保护公民的通信秘密和通信自由，新修订的《未成年人保护法》第六十三条明确规定：任何组织或者个人不得隐匿、毁弃、非法删除未成年人的信件、日记、电子邮件或者其他网络通讯内容。

除下列情形外，任何组织或者个人不得开拆、查阅未成年人的信件、日记、电子邮件或者其他网络通讯内容：

（一）无民事行为能力未成年人的父母或者其他监护人代未成年人开拆、查阅；

（二）因国家安全或者追查刑事犯罪依法进行检查；

（三）紧急情况下为了保护未成年人本人的人身安全。

尊重他人（包括子女）的隐私权，是公民必须具备的道德素养。父母生育了儿女，并不等于可以对之为所欲为，采取不道德行为侵犯子女的人权，这样的行为要受到法律约束和舆论谴责。为人父母，要为孩子做出遵纪守法的表率、道德高尚的榜样，那就从尊重孩子的隐私开始吧。

二、不偷窥孩子的隐私

孩子为什么不让父母看自己的日记、手机？为什么给自己的抽屉上锁？是不是干了什么见不得人的事？父母为此担心。其实这是青春期孩子独立意识、成人化倾向增强的体现，不希望家长还把自己当小孩子抓得紧紧的，样样都管、时时监控。随着生活领域的扩大、知识信息的增多，他们的内心变得敏感，感情变得细腻，许多想法在内心翻腾，形成自己看待问题的视角。他们有不少话想说，但观点与长辈大相径庭，说出来常被父母批判，于是与父母的心理沟通明显减少，将自己的精神世界向长者封闭起来。那些不想告诉家长的事和话，就成了自己的秘密或隐私，不想对不理解自己的父母说。他们把日记本视为别人不能染指的珍宝，并用锁保卫属于自己的空间，划出他人不可随意进入的内心世界的“警戒线”。这是孩子独立、成熟、走向社会的前奏曲。

偏偏父母也变得敏感起来，极想知道孩子的秘密却又不得而知，于是求助于偷听、偷窥。很多孩子都知道自己的日记、聊天记录被父母偷看了，因为他们会很仔细地做记号，很容易就发现有人动过了，只不过有的孩子会发火，有的选择隐忍。但隐忍总是有限度的，对父母偷窥隐私的愤怒和鄙视迟早会爆发成一场亲子大战。

有些父母特别热衷于偷窥孩子的隐私，他们认为家长拥有绝对权威和绝对操控权，想怎么做就怎么做；要求孩子是"绝对透明体"，不能有一点秘密；压制孩子不许"逆天"，不能表示不满和反抗。这是完全不对的。

维护孩子的隐私，对其身心健康关系重大。家长对孩子隐私的侵犯，是对孩子自尊的无视、人格的侮辱，会成为阻碍其孩子心理健康成长的绊脚石。

三、扩展话题范围

青春期的孩子情绪行为动荡不安，有困惑想跟父母商量，又不肯主动开口。父母往往是怀着矛盾的心情偷看偷听——知道不妥，又别无他法。其实广泛聊天、精准排忧，就是避免矛盾的最好办法。

每天一家人聚在一起的机会莫过于吃晚饭了，好好珍惜和利用这不到一个钟头的时间，营造轻松、快乐、自然的氛围。千万不要在吃饭时批评责骂孩子，不要只问孩子考多少分，话题可以广泛些、灵活些，谈天说地、古今中外，不必都具有“教育目的”，主要是拉近亲子间的心理距离，同时自然而然地了解孩子。如果孩子起先不参与，不要质问：“你怎么不吭声呀？”这一问就没戏了。家长你一言我一语说得热闹，孩子自然就插嘴了，这时父母不要如释重负地说：“你总算开金口啦！”这一说又没戏了。如果孩子有独到的见解，父母可以惊喜地夸赞：“有道理！我怎么没想到？”孩子的自尊得到满足，就会继续发表意见，有时会无意中透露一些秘密。父母还可以敞开自己的心扉，说说心中的困扰，晒晒自己的秘密：“你真的长大了！有一件事你帮爸妈出出主意，好吗？”孩子出的主意不管是否正确可行，父母都表示感谢。逐渐，孩子也愿意把自己心中的秘密告诉父母。

如果家长有意了解什么事，可利用休闲时间，约孩子一起散步游玩，随意闲聊，然后在无意间提及。如果亲子关系好，家长可以直接提出，但一定要语气平和、态度友善。假如孩子不肯说，不要追问，允许孩子保密，改从其他渠道侧面了解情况。如果孩子肯吐露心事，父母要充当知己或参谋，帮他出主意、想办法解决问题；同时为他保密，切忌告诉他人，例如向别的家长炫耀自己是怎样得知孩子的秘密的，即使老师要家长介绍与孩子沟通的经验，也不要讲述细节。

关键词 自尊心

遭遇尴尬事之后

·案例·

放学回到家，小羽没有像平时一样放下书包就写作业，而是关上房门换衣服，外公叫了好几遍吃饭，她才开门出来。饭桌上，小羽没有了平时的笑语。外公还在数落着，突然，她扔下饭碗，大喊一句“烦死了！”就气呼呼地上楼去了。

直到晚上十点钟，外公在房门口叫小羽睡觉，她愣是没反应。妈妈气坏了，冲过去猛敲门。过了几秒，门开了。本来妈妈还想狠狠教训一通，却见女儿满脸泪水，不禁怔住了：“小羽，你怎么了？”“妈妈，你一晚上都不问问我，都不关心我！”小羽委屈地哭道。妈妈赶紧拥小羽到怀里，坐到沙发上：“到底是怎么了，宝贝？你说出来，妈妈才知道你为什么不开心啊。”

妈妈这才想起：今晚我确实是顾着自己的事，女儿两次

走到我的房门口，我都没有抬眼看她，原来她是希望我能主动关心她一下。

事情的缘由是：体育课上，小羽牛仔裤的拉链不知怎的滑下来了，被同学看见，一直到放学，还有人在笑话她。

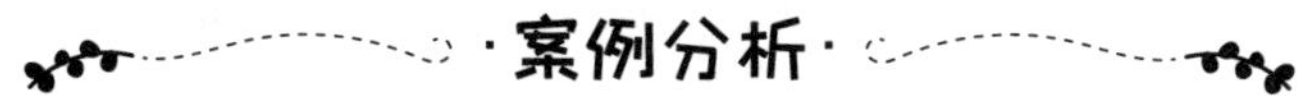

·案例分析·

青春期少年的情绪强烈多变，小风就能吹起大浪。感觉自己长大了的孩子既注重自己的仪表，又看重同学们的评价，经常打听大家对自己的看法。有的怕被老师叫起来回答问题，担心答不上来丢面子；有的一件事情没做好，就用种种借口来掩饰自己的弱点或失误。如果生活中发生尴尬事，那更是羞愧不堪。让女孩尴尬的事情有很多，诸如跑步时摔倒，生理期弄脏裤裙，吃午饭时牙缝塞进菜叶，被同学议论相貌身材，被传言和某某谈恋爱，等等。让男生尴尬的事，诸如被人模仿说话动作，被故意推搡绊倒，激烈运动时撕破裤子，背不出课文或黑板演算错误，等等。

小羽因拉链滑下、同学笑话，感到非常丢脸，回到家后以泪洗面，不想吃饭，无心学习。她唯一盼望的是能获得亲人的安慰，可是又不肯主动说出发生了什么。偏偏此时还遭到了外公的唠叨数落，这让她更加心烦意乱；而妈妈忙于自己的事，竟未发现女儿情绪异常。这导致小羽心情极为失落：为什么连亲人也不关心我、不理解我？一肚子委屈直到妈妈进房才爆发出来。

被嘲笑、受欺负是孩子最痛苦的经历。不管是被别人嘲笑欺负还是嘲笑欺负别人，都会严重影响到孩子的心理平衡及同伴关系。大大咧咧的孩子可以轻松地一笑而过，敏感内向的孩子却久久解不开心结，这也反映出了孩子心理调适能力的强弱。父母要从小培养子女应对意外事件、自我情绪调控和自我心理修复的能力。面对敏感的青春期孩子，家长也要敏感一些，老人少一点唠叨，父母多一点细心。孩子遭遇尴尬，父母首先要进行情绪安抚，然后告诉他怎样应对尴尬，帮助孩子摆脱心理困境，真正长大。

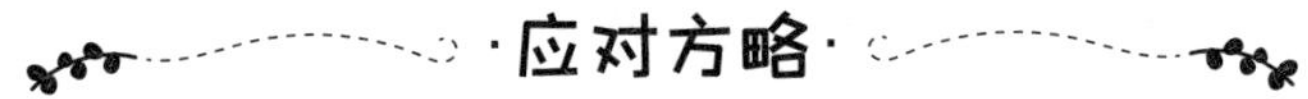

·应对方略·

一、温情抚慰

孩子自尊心受损，情绪行为出现异常，家长千万别粗声责问，造成二次伤害。首先要用温柔的态度、言语表示关心，问清具体情况，别忙着批评孩子脆弱或不以为然地说："这点小事，也值得这样难过？"而是先把孩子搂在怀里，抚慰孩子受伤的心灵，表示自己理解他的内心感受。

待孩子恢复平静后，再缓缓分析事情的“实际严重性”：这件事性质并不严重，对你的整体形象不会造成多大影响，别人很快就会忘记了，不必过于介意。如果你自己耿耿于怀，言行不自然，反而会提醒别人回想这件事。过去的事情就让它过去，以后注意一点就行了，相信不会有第二次同样的事发生。但在以后漫长的生活中还会遭遇其他尴尬事件，有了这次的经验，学会保持冷静，随机应变就是了。

二、判断角色

当孩子诉说自己被人嘲笑的经历时，家长要先判断孩子是不是被嘲笑者，属于哪种被嘲笑者。

被嘲笑者有两种类型：一是忧虑型。这类孩子大多身体瘦弱，情感脆弱，缺少自信，经常焦虑，没有安全感。他们受到嘲笑后，通常会先试着不理，当超过忍耐极限时，就会崩溃地大哭或大发脾气。忧虑型的孩子一般不会嘲笑别人，也不理解幽默和玩笑。家长如果觉得自己的孩子属于此种类型，就要以抚慰为主，再鼓励他坚强些，继而教给他应对方法。注意平时不要拿他的缺陷开玩笑。

二是挑衅型。这类孩子多动多话、暴躁不安，常扰乱课堂、妨碍别人，招致别人讨厌；读不懂社交信号，别的孩子制止他，他也不会停下来；经常先嘲笑欺负别人，有时也会被嘲笑，但被嘲笑时一定会反击，而且容易反应过激，扩大事态。对这样的孩子，家长要先平复孩子的情绪，再弄清事情的来龙去脉，继之引导反思，进行教育；不能只是心疼、袒护。

初中孩子爱炫耀自己口齿伶俐、知识丰富，被嘲笑时做出的反击可能“火力很猛”，在整个过程中，嘲笑者和被嘲笑者的角色会多次互换。父母要让孩子详细描述事情经过，判断自己孩子扮演的是什么角色：如果是被嘲笑者，应好言温情安抚；如果是他先嘲笑了别人，引起反击，又变成被嘲笑者，就要告诫他不要挑事惹事。

三、传授技巧

当孩子第一次遭遇尴尬，父母可以讲讲自己遭遇过的尴尬以及如何走出困境的经历，以自己的从容淡定心态化解孩子的惊恐惶惑；然后教给他们一些应对尴尬的方法。这种人生经验是孩子从教科书上学不到的，父母的人生向导作用正是在此时发挥出来。

美国马克·布朗绘著的《亚瑟小子系列：内裤噩梦》一书讲述应对尴尬的办法有以下几种：

1. 帮孩子区分嘲笑的类型

孩子们遇到的嘲笑很多并没有恶意，特别是男生，“嘲笑”很多时候只是口头上的争论和打趣，是斗智竞争、逗乐子的一种形式。

要让孩子明白：很多嘲笑是没有伤害性的，就当作玩笑，不必放在心上；你能轻松对待，嘲笑你的人就会觉得没趣，停止嘲弄或转移目标。如果你反应过度，会更激起对方的兴致。

2. 讨论如何应对不同类型的嘲笑

和孩子一起举例并分类列出“嘲笑类型”清单，例如取笑、贬低、模仿、起外号、恶作剧、冷嘲热讽、让人难堪、恶意中伤、辱骂、激怒、窃窃私语、抬高自己、恃强欺弱等。然后讨论用什么方式来应对。

3. 避免被嘲笑的行为

亲子讨论并列出“可以做”和“不能做”的清单，强化孩子好的行为，避免被嘲笑。

可以做：

（1）只有你和对方都知道这确实是开玩笑，才“嘲笑”别人。

（2）即使是打趣逗乐，也要适可而止，从对方的表情和身体语言感受到对方对你的嘲笑感到不快时，要意识到错误，立即住嘴。

（3）直视别人的眼睛，告诉他们你的感受。尊重自己，别人才会尊重你。

（4）保持良好的仪表，通过姿态表现出自信，让别人看到你对他的尊重。

（5）用稳重、柔和的语气说话，这样别人也会用相同的方式与你交谈。

（6）不要只顾自己滔滔不绝，学着做个好的倾听者。

（7）顺应形势，不要一意孤行。

（8）学会自嘲。

（9）和喜欢你的人一起玩，疏远爱挑刺、爱讥讽、爱打小报告的人。

（10）如果有人行为不端或对你进行威胁、伤害，请老师或家长出面帮助处理。

不可以做：

（1）不要说别人的闲话。

（2）不要嘲笑别人，尤其不要取笑别人的生理缺陷。

（3）不要用愚蠢的姿态、侮辱的举动或烦人的声音刺激别人。

（4）不要用胆怯或霸道的语气说话。

（5）不要多嘴多舌。

（6）不要打断别人说话。

（7）不要吹嘘自己。

（8）不要过分插手别人的事情。

（9）不做“包打听”。

（10）不要传话挑拨。

（11）不要伪善或试图在班里操控别人。

（12）被嘲笑时，不要反应过激，或者当众哭。

（13）不要显出恐惧的样子。

（14）不要站没站相、坐没坐相。

（15）不要有不好的卫生习惯。

（16）不要做不雅的动作（比如挖鼻孔、咬指甲）。

（17）没有确切的证据，不要向老师告状。

4. 面对嘲笑的自我提示

为孩子提供面对嘲笑时提醒自己的积极建议，让他选择一些句子或他觉得好的表达方式：

（1）己所不欲，勿施于人。

（2）保持幽默感。

（3）他们和我一起笑，而不是取笑我。

（4）这个家伙想要嘲笑我吗？不会吧。

（5）永远都不要让他们看到我在冒汗、手抖。

（6）我能搞定这件事，没问题！

（7）用语言表达我的想法，而不是动手。

（8）随他们便吧，我不在乎。

（9）我走开，不跟他们纠缠。

熟记上述内容，在被嘲笑时提醒自己。父母定期和孩子一起检查是不是用过这些提示，是否给自己增添了力量。孩子可能会想出其他的提醒方式，父母要鼓励他什么方式有效就用什么。

5. 讨论关于嘲笑的话题

孩子常不敢和父母谈论嘲笑的话题，担心会挨批评。因此，父母在和孩子谈论这个话题时要格外小心。

（1）选择安静的地点和时间。

（2）用平和、轻松、关心的语气沟通。

（3）试探提问，留心观察，例如："你好像因为什么事情不开心？"并耐心等待回应。

（4）如果孩子否认或没有立刻回应，表示："等你想说的时候再说，我随时愿意听你说。"

（5）如果孩子说了，先不要批评或气愤，重要的是听孩子讲完，了解整个事情的经过。

（6）回应他的话，问："我怎么做才能最大限度地帮到你呢？"

（7）可以联系班主任或其他能提供情况的人，共同商量。

6. 有效应对嘲笑

在家里练习应对嘲笑的方法，可进行角色扮演，一人扮演嘲笑者，另一人扮演被嘲笑者，让孩子根据情况灵活运用不同的方法。

（1）一笑了之。“这招太过时了。”“你以为我以前不知道这个吗？”“哇！你吓死我了！”“你能做的就这些吗？”“你到底想干什么呢？”削弱嘲笑的力量，反过来让嘲笑者感到自己的行为很愚蠢。

（2）话语反击。“你说的话很不友好哦！”“你在开玩笑吧？”“与其讥讽我，不如给我点建议。”“我指望你能像朋友一样帮我，结果等来的却是你的讥笑！我好失望。”“如果你不是嘲笑我，而是提醒我、帮助我，那我就感激不尽了。”“以后有好玩的事情时，再告诉我。”

（3）走开。反击之后，马上走开，既可避免冲突升级，又能掌控主动权。

（4）难看的脸色。冷笑或者难看的脸色能和语言一样产生威力。家长可以和孩子一起坐在镜子前，练习怎么做“难看的脸色”，设计一种能体现他自信、震慑嘲笑者的姿态。

（5）有意忽略对方。不再理睬对方，做另外一件事情。如果在教室受到嘲笑而不能走开，就拿出笔和纸，随便写些东西。一边写一边回想上述面对嘲笑的小提醒。

（6）突然转移话题。一个男生故意调笑一个女生，她不是恼羞成怒，而是转向等着看笑话的几个男生，若无其事地问：“你们知道现在几点了？”他们很意外，惊讶中来不及哄笑，她就趁机走开了。这个方法不能经常用，但一旦使用，效果很显著。

（7）直接面对窃窃私语。知道有人在背后议论自己，有勇气的孩子可以径直走过去，平静地问："你们有什么想和我说的吗？""有话当面说，光明磊落！"

（8）结交合得来的朋友。鼓励孩子结交正直的、有好朋友特质的孩子。经常和朋友们在一起，人多势众，受嘲笑、被欺负的机会就会大大减少。

（9）去到有成人的地方。建议孩子课间待在教职员工目光所及的范围内。

（10）承认错误，继续生活。告诉孩子：每个人都可能犯错，错误可以帮助我们长进。如果别人讥笑你的错误，可以坦然回应："你说得对，我搞砸了。我下次会做好的。"

四、提高情商

青春期孩子内心最不可触犯的就是自尊心，他们渴望获得别人的尊重，又容易陷进自尊心过强、自卑心过重的泥沼。家长要多留意孩子的生活，帮助他提高情商、走出困惑。

家长平时不仅要关心孩子的衣食冷暖、学习成绩，还要关心其课余生活。孩子在充实精彩的课余生活中，内心形成丰富的感情、坚强的意志，增强抗压耐挫能力，便有能力应对生活中遭遇的尴尬事件。

— 亲子如友篇 —

关键词 关爱

花木成长需要水、肥、阳光

一个冬天的早晨，下着冰冷的小雨，妮妮房中的小闹钟已经响过好一会儿了，妈妈一遍遍唤女儿起床，可是女儿迟迟没有动静。

过了一会儿，只听见房内有呢喃声："我胃痛，我难受，我不要起床……"妈妈声调一次次升高："你这孩子，怎么越来越不懂事？要迟到了！"女儿还是在被窝里不肯起来。于是房间里充满妈妈的吼叫声、女儿的大哭声。

最后，妮妮终于被硬拉起来了，妈妈火冒三丈："不像样子！不求上进！"妮妮只是一个劲儿地哭，就是不愿意上学，双方就这样僵持着。

时间一分一秒地流逝着，妈妈冷静下来，整理好自己的情绪，不再数落女儿的种种不是，而是蹲下身轻声对女儿道歉：

“妈妈错了，妈妈今天有点急躁，有点过分了。妮妮的胃难受，妈妈帮你揉一下吧。如果实在难受，我陪你去医院看看，好吗？”妮妮把头依偎在妈妈怀里，妈妈紧抱着哭泣的女儿：“宝贝，如果心里还有什么事，好好跟妈妈说说吧。妈妈愿意陪着你，我们一起来解决问题，好吗？”

妈妈把女儿搂在怀里安慰了好一会，妮妮缓过神来，轻声地说：“妈妈，我没事了，我要上学去了。”

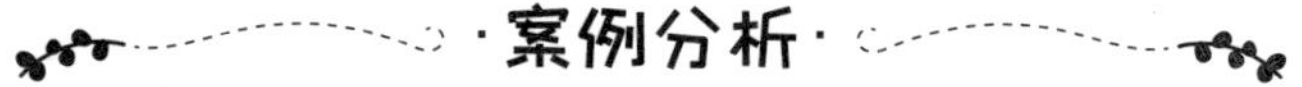

·案例分析·

没有父母不爱自己的孩子，没有孩子不渴望父母的爱。但是怎样爱孩子？各人的理解和做法大不相同。有的是真诚关爱、恰到好处，像阳光照耀着孩子心灵的天空，像水与肥滋养着孩子的心田，促进其智力、品德、身体如同幼苗茁壮成长；有的是过分溺爱，反而成害，犹如阳光酷烈、滥施水肥，花木会被晒枯、烧坏，烂根。爱而得法、爱而有度，严爱结合、把握分寸，是“爱的教育”或“以爱施教”成功的秘诀。

紧张忙碌的早上，面对妮妮不肯起床的突发事件，妈妈起先只是一个劲儿地催促，没有明白女儿只是希望妈妈轻声询问、温情抚慰，体验享受一番母爱。女孩等来的是声调越来越高的叫喊、火气越来越大的指责，花季少女脆弱敏感的心在疾风暴雨中颤抖。本来不过是赖床而已，很容易解决，却引发了一场母女大战。

还好，妈妈能较快冷静下来，醒悟到批评训斥不但无法解决问题，反而把事情弄得更糟。妈妈迅速调整情绪，放下架子，向女儿道歉，改变态度，温柔地对女儿进行安抚。妈妈的拥抱抚慰、轻声细语、同情关切，犹如春风细雨滋润了妮妮的心灵；诚恳的安慰话语、搂抱的亲密动作，马上就改变了态势，化解了冲突。母亲恢复理性，战胜了感情用事，可以点个赞！

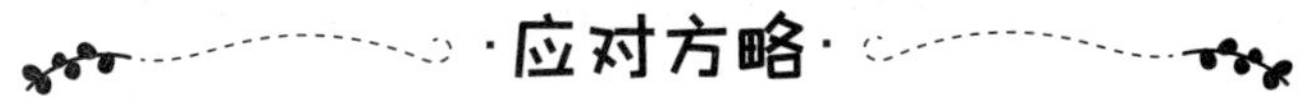

应对方略

一、关心爱护

一位教育学家说：“教育之没有爱，就像池塘没有水。没有水，就不能称之为池塘，没有爱则不能称之为教育。”父母要在日常生活中，用自己的双手为孩子构筑一个爱的池塘，用爱来温暖孩子的心灵。当孩子表现出色时，父母的爱要化为由衷的赞扬，给孩子快乐；当孩子遇到挫折失败时，父母的爱要化为真诚的鼓励，给孩子信心；当孩子犯错时，父母的爱要化为无声的批评和无形的约束。

1. 经常关心

对孩子的关心应该是全面的。物质上，及时了解孩子的需求，量力满足其合理要求，对不合理或过高的要求说明不能答应的原因。注意平衡营养，但并非买昂贵食品；让孩子穿着得体舒适，但不追求时尚奢华。精神上，经常询问孩子的在校情况和内心感受，给以鼓励肯定、疏导劝慰、指点支持；关心其思想情感、道德品质。尽量抽时间和孩子一起聊天、游玩、看影视剧，加深感情，浸润教育。

对孩子的关心应是持久不断的，不能空闲时、心情好时才关心一下，没空或心情不好就懒得搭理；不能想起来了就过问一下，想不起来就不闻不问；更不能老师来电话、发微信反映情况了，才“审问”孩子。父母出差或在外地工作时，要经常通过电话、短信、QQ 等与孩子联系，交流情况，鼓励督促。

2. 多褒少贬

家长要善于发现和展示孩子的优点，恰到好处地给予孩子一些称赞，这会增强孩子的自尊自信，也是亲子关系的润滑剂。亲子教育专家说：“不是孩子没有优点，而是家长没有眼光发现他的优点。能够在孩子身上发现 10 个优点，你就是优秀家长；能发现孩子身上的 5 个优点，你就是合格家长；要是连一个优点都发现不了，你就是不合格的家长。”孩子的优点可以引导培植，可以“无中生有”。有个孩子天资并不聪慧，在幼儿园和小学时学习和竞赛总是落后，母亲却经常当众夸奖他的长处，儿子越来越自觉、努力。母亲给他制作了一个“成功表”，每一点进步都贴上图标；又准备了一个“成功箱”，把他点点滴滴进步的标志和作品都装进去，所装的第一件东西是孩子一岁时画的一幅画。到小学毕业时，已经装满了五个“成功箱”，孩子的学习成绩也进入了班级前十名，上了一所很好的初中。

当孩子犯错、退步时，家长一定不要上来就是责骂打击，而要心平气和地和孩子一起找失败的缘由，肯定他做出的努力以及他身上的闪光点，给予其继续努力的信心。不要使用负面的话语，责骂、抱怨不但解决不了问题，还会导致事与愿违；多赞美、多鼓励，能促使孩子进步。鼓励你的孩子，从每一件小事做起。

但是，表扬褒奖也要讲究方式和分寸。有时候，父母刻意赞美孩子，会让孩子产生不自在的感觉；过多、过分的夸奖，会导致孩子自我感觉过好，而对批评和挫折的承受力降低。

3. 善于示爱

内心的爱要善于以恰当的方式、恰当的程度表现出来，让孩子感受到。中国的父母表达感情的方式比较含蓄，常以一种严格要求的姿态来表现。而且，父母对孩子的态度前后往往发生很大变化——对婴幼儿时期的孩子疼爱有加，抱着吻着、柔声细气、耐心细致；孩子上学后，尤其是上了中学，父母就变得苛刻严厉，动辄批评责备、打骂体罚，抛弃了拥抱、拉手、亲吻之类表达爱意的方式。其实，初中生还是孩子，遇到困惑、情绪低落时，内心最希望得到父母的体谅和安慰，女孩尤其渴望母亲的爱抚、父亲的呵护。父母对孩子内心的动荡慌乱如果不予理解或理睬，对孩子外在的情绪行为异常表现得置若罔闻，孩子就会极其失落，深感父母的冷漠；如果还要批评责骂，孩子就会觉得父母很无情。这样的情况，一次就足以让亲子关系出现深度裂痕。

家长要善于通过言语、表情、姿态、动作、行为表达自己的爱，让孩子感受到父母的关爱和期望。越是在孩子遭遇困扰、有了缺点错误时，父母越要给以温暖和关爱。但是，爱的表示要恰当：一是青春期孩子能接受的，不要让他觉得肉麻、假惺惺；二是要有分寸、有限度，关爱过度就是溺爱，反而坏事。

二、避免溺爱

1．不能过分娇宠

有些家长，尤其是祖辈，对孩子唯恐关心得太少、爱得不够，却又爱不得法、爱得过分。他们有求必应、百依百顺，满足孩子的一切要求。被宠坏惯坏的孩子娇弱、任性，唯我独尊，一切要求都必须立刻被满足，缺乏奋斗精神。

2. 不能过分保护

有些家长怕孩子出事，哪儿都不让去；怕孩子吃亏，不许孩子出去和小伙伴一起玩耍。与同学或邻居小孩发生矛盾时，父母出面包庇袒护自己的孩子、打骂对方，甚至和对方家长发生冲突。有的家长怕孩子累着或耽误学习，就什么都不让孩子做，“你什么都不用管，只管学习”，一切由家长包办代替。

溺爱是一种无原则、没规矩的爱，被溺爱的子女长大了仍旧会依赖父母，无法实现真正的自我成长。在过度呵护下长大的孩子，懒惰、懦弱，没有自主自立能力，成家后缺乏最起码的生活技能。

关键词 平等

交换生眼中的美国亲子关系

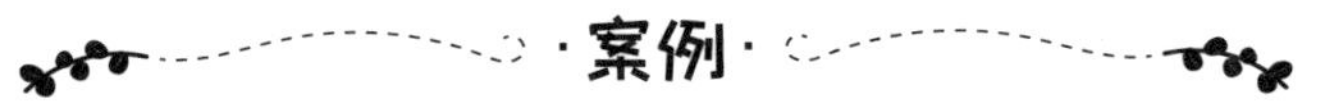

·案例·

这是一位初中交换生的文章，记述他在西雅图一个美国家庭里的见闻感受：

美国孩子和父母的关系平等得令我吃惊。

我住的家庭有两个孩子，女儿玛丽上中学，儿子汤姆上小学，他们对爸爸妈妈直呼名字，有时还叫昵称。

两个孩子每天出门时都要和父母拥抱一下、亲一下，晚上睡觉前也会和父母拥抱，互道晚安。每天放学回来，他们一边帮父母做家务活，一边讲述当天学校里发生了什么、自己做了什么事，父母总是很有兴趣地耐心倾听，时不时做出回应。

孩子们每次考完试都会主动把成绩告诉父母，考得好，父母会真诚夸奖；考得不太好，父母也不责备，只说："相信你下次会更好。"

家里要添置什么大一点的物件，星期天去什么地方游玩，都全家讨论。孩子反驳或批评父母："我觉得你说得不对，我不同意！"父母一点也不生气，经常采纳孩子的意见，还说谢谢。父母自己发现做得不对，会主动向孩子道歉。

汤姆的玩具车出了问题，爸爸叫他一起动手在院中修理。他一边忙前忙后，一边问这问那，爸爸认真地回答问题，告诉他该怎么操作。修好后，父亲轻轻拍了拍汤姆的头，伸着拇指说了句什么，汤姆也开心地和爸爸击掌，父子俩就像平等的同龄朋友。

有一次，星期五晚上学校开联欢会，之后我们仨和几个同学又去看电影，直到夜里12点多才回去。他们的爸爸妈妈一直都在客厅里等着我们，还做了一些小零食，见我们回来，笑呵呵地问这一晚玩得高兴吗？听两个孩子说了一阵，夫妇俩才回到自己的卧室。

我很赞赏美国父母尊重孩子、平等对待，鼓励发表己见，特别是不同意见的做法。

·案例分析·

案例中的"我"从中国初中孩子的视角，零距离观察美国的亲子关系。

在西方家长的观念中，孩子从出生起就是一个独立的个体，不管多小，也是一个独立的"人"，跟大人是平等的，享有与家长平等的权利，包括话语权和参与权。

父母讲究对孩子说话的口气和方法，孩子说话时，大人不但要认真听，有时还应蹲下来同孩子对话，避免居高临下的架势。聚会时，父母把子女当作平等的交谈者，鼓励孩子表达自己的想法，给以真心的赞赏和肯定，允许孩子发表不同的见解。而中国的很多家长仍然受传统的尊卑观念的影响，认为孩子是低一等的晚辈，向客人问好之后，就不许乱说乱动，最多只能简单回答客人的问话。孩子如果插话，还会受到训斥和驱赶；孩子如果大胆质疑，表达不同的见解，则有冒犯长者之嫌，被认作家教不严。

在国际化的今天，我国父母如果不改变自己的观念，怎能营造平等和谐温馨的家庭氛围呢？怎能指望孩子成长为自尊自信、勇于表现，为实现自己的人生梦想而不懈努力的人呢？

·应对方略·

一、家长转变观念

许多家庭没有形成平等的亲子关系，反映出的是家庭中等级观念的残留，表现为父母在家庭中权威的支配地位，子女被动、顺从的附属地位。家长以居高临下的态度要求孩子按自己的意见行事，孩子对家庭事务和自己的发展没有发言权、决定权。但现在的孩子自尊心、自主意识、逆反心理都很强，不愿意俯首听命，亲子之间就易发生冲突。进入青春期后，孩子更是千方百计地表现独立性，家长越想牢牢抓住孩子，孩子就越会用力挣脱，双方进入“战争状态”。而且，许多父母对孩子的进步永远不满意，对错误又揪住不放、一味批评，不给予谅解、宽容和引导。这会导致孩子愤怒、敌对和仇视，弄得亲子关系破裂，家长疲惫不堪，孩子怨气满腹。

改变孩子，要从改变父母开始；父母要改善行为，先从改变观念开始。家庭中讲平等，就是家长要把孩子当成和自己人格平等、享有平等权利的独立的“人”。现代教育思想认为，不可用命令的口吻强迫孩子这样那样，孩子做错了事也不得粗暴训斥，以免给孩子的心理留下自卑的阴影。很多人反对父母在人前教训孩子，父母当众骂孩子“不争气”“笨蛋”“没出息”是一种“犯罪”。

孩子希望父母做自己的知心朋友，不喜欢父母摆出长者的姿态动辄训人。具有平等意识的家长会和孩子建立相互理解、尊重、信任、关爱的平等关系。“蹲下来和孩子讲话”是提倡家长跟子女站在同样的高度和角度想事情，体会孩子的看法和感受，消除心理上的“高低差”、不平等感。平等关系是亲子之间心态上的平等，而非学识经验上的平等。父母要努力成为孩子温馨的怀抱和仰望的力量，同时也要向孩子学习，在科技和观念迅速发展的新时代，年轻的一代往往比年长者具有更多新锐的思想。在平等温和、充满善意的家庭中成长起来的孩子，性格和心理也能健康发展，而且更加敬佩家长。

家庭中所有成员都是平等的，互相关照、彼此服务，父母无须为孩子放弃自我发展，祖辈不必低声下气地扮演“保姆”的角色。父母必须承担教育孩子的责任，但不要永远围着孩子转而完全取消了自己的独立生活。“一切为了孩子”而失去自己生活主题的父母，不但放弃了自己的生活，还会以爱的名义干扰孩子的成长。

二、亲子友好相处

家长要意识到自己不仅是孩子的监护人、管理者，更应是他最亲密的朋友。这样，孩子才能对你说心里话，你丰富的阅历才能在孩子的成长历程中发挥积极作用。开明的父母从孩子听得懂话时就开始跟他说理，耐心对待孩子的不同意见，不用打骂的方式强迫孩子服从。孩子逐渐长大，凡是和他有关的事情都与之商量，采纳他的合理意见，并表示欣赏和感谢。孩子遇到挫折或困扰，父母也像朋友一样为他出主意，支持他自行解决；孩子犯了错误，父母像朋友一样提醒、建议，让他自觉改正。大人做错了事，孩子也可以批评，大人坦然承认错误，不认为向孩子道歉是丢面子的事，而认为这是为孩子做出敢于承认并及时改正错误的榜样。

要和孩子做朋友并不难，比如，经常和孩子一起进餐，家庭的共同价值观就会在全家人围着一张桌子吃饭的过程中建立起来；和孩子一起修理用具，偶尔请孩子帮忙处理麻烦事，孩子会逐渐收获自豪感、责任感和生活技能；父母还可以不失时机地给孩子讲自己的经历，请孩子讲故事和见闻，帮他领悟为人处世的道理。

朋友也会有分歧。当双方发生矛盾，家长的第一反应不应该是维护自己的权威面子，而是应该想：我说了而孩子听不进去的那些话，是不是完全正确？我们听不顺耳的孩子的话，是不是也有道理？孩子对某件事的看法、处理意见或对我们的批评对不对？应该谁对听谁的。

每个人都会经历爱说“不”的阶段，这是成长的过程。

直到他成熟，明辨了是非，有了亲身体验，自然会说“是”，自然会认同、承认社会的行为准则、是非标准。父母不必为孩子居然敢说“不”而愤怒并责骂，当然也不能让他习惯于对什么都说“不”，应帮助他尽快成熟懂事，知道什么时候该说“不”，什么时候该说“是”。

三、亲子平等对话

平等的对话是父母走进孩子内心的不二法门，但对话的成效往往取决于细节。

1. 选择时空

选择恰当的时间、合适的场合，与孩子展开带有一点小隐私的交流，这是对父母教育艺术的考验。要抓住一些不容错过的教育时机，例如：

（1）孩子困惑时。孩子在日常的学习、生活和情感方面遇到困惑时，渴望别人的理解和指点，此时，家长摆事实讲道理，孩子更容易接受。

（2）孩子取得成绩时。取得好成绩，被评为优秀班干，或在某项活动中受到奖励时，孩子情绪高昂，自信心强。家长要在肯定的基础上提出新的目标和要求，引导孩子趁势而上，把一时的热情转化成持久的动力。

（3）孩子犯错时。孩子的成长过程就是犯错改错的过程，家长要帮助孩子面对错误、分析错误、改正错误，深刻理解更多的人生道理。

（4）孩子产生浓厚兴趣时。一旦发现孩子对某一事物特别有兴趣，家长就要及时给予鼓励和支持，抓住他兴趣的闪光点顺势引导，说不定就会激发出孩子某一方面的智慧火花，帮助孩子在兴趣驱动下走向成功。

2. 拓展对话内容

很多父母和孩子说话的内容基本上都围绕着学习，早餐时叮嘱“专心听课”，晚饭后催促“快做作业”，考试后询问“考了多少分”，找孩子正式谈话时，也大多是“老师说你最近成绩下滑”……孩子心里烦不烦？压力大不大？怎么会把家长当朋友？

朋友之间的聊天多么愉快，话题多么广阔！亲子之间共同的关注点难道只有分数吗？话题为什么局限于学习呢？为什么不在谈天说地、不知不觉中，拉近亲子间的心理距离，增强亲子感情，让家庭生活充满情趣呢？

3. 注意对话方式

与孩子的对话大致可分为两种：一种是他主动来找你，一种是你主动去找他。亲子对话大多是后者，父母觉得“这件事需要与孩子谈谈了”，就把孩子叫过来，对话变成单向说教。亲子对话应该是双向交流，父母可以说出对孩子的要求和期望，孩子可以说出对父母的要求和不满，互相都知道对方想什么、要什么，才能更好地相处、沟通。

要像对待朋友一样跟孩子说话，不是命令式地叫孩子做这做那，而是征求意见式地说："你能不能帮爸爸（妈妈）做件事？""请"孩子帮忙，他一定是乐意的；而"叫"他去做，他可能不肯动。

孩子犯错，家长的第一反应往往是批评，这会招致孩子的沉默或狡辩。可以把批评的话改成反问或疑问："孩子，无论你做什么事，我相信你一定有自己的理由。不过，能不能把你的理由告诉我，我们一起分析一下？"当孩子承认错误时，父母说："我就佩服你这样的人，诚实，勇于承担责任。"如果孩子不接受意见，就启发他换位思考："现在换过来，你是父母，我们是你的孩子，请你感觉一下，如果我连续玩 6 个小时网络游戏，连饭都不吃，你会怎么想、怎么做？"像对朋友进行劝告一样，和孩子促膝谈心，让处事方法、做人道理涓涓细流般浸润孩子的心田。

父母给孩子讲道理是必要的，但给十三四岁的孩子讲道理时，要非常注意讲话的姿态和口气，这比道理更重要。态度和蔼、讲话和气，有商有量、有说有笑，孩子就不会抗拒。

关键词 尊重

有一种教育叫“尊重”

·案例·

建群14岁了，长得高高大大，但思想还不成熟，学习也很不自觉，二模成绩十分不理想。

爸爸向老师了解儿子的近况，老师反映：“建群这一阵子情绪不好，上课、自习不定心，说家长不尊重他，意见挺大，连带着对老师也没有信任感。”

爸爸摸不着头脑，严厉质问儿子：“我们哪里不尊重你啦？说！”建群冷冷地问道：“你们是不是经常翻我的书包？”爸爸不以为然：“是啊，怎么啦？有什么秘密不能让我们知道吗？”儿子怒气冲冲地说：“这是我的私人物品，没有我的同意，你们不能动！”爸爸火了：“书包还私密啊？你都是我的，书包也是我买的，我不能动？”“你随意翻动我的东西，就是不尊重我！”“我是你爸！从小给你洗澡，你浑身上下哪里我没动过？是不是不尊重你啊？”冲突爆发了，儿子竟然说：“你当爸爸的素质太低了，连最起码的尊重别人的人格都不懂！懒得跟你说！”

父母震惊之余，一起讨论这件事。第二天晚饭后，爸爸首先承认自己多次翻建群的书包是不对的，并且昨天自己态度粗暴，是不尊重建群人格的表现。建群起先还态度冷漠，见爸爸先检讨道歉，神情口气就软化了，说自己态度也不好，既然父母说以后会尊重自己，自己以后也会尊重父母。但是他提出了几个要求：“你们进我的房间要敲门，没有我的允许不能翻动我的私人物品；我带同学来家中做客，你们要热情接待；不许在别人面前说我不好，不能拿我和别的同学做比较。”父母连声不断都答应了。此后几天，大家相安无事。

物理测验前的晚上，妈妈想看看建群是否在认真复习，没敲门就进入了他的房间，只见他正在看漫画书！妈妈心里升起怒火，但想到当场训斥结果必然不妙，于是按捺住想撕掉漫画书的冲动，深吸了一口气，平静地问：“复习好了吗？”“还没呢。我本想看一会儿漫画书休息几分钟，不知不觉看了这么久。噢，我马上复习。”原来建群并不是偷懒不学习，妈妈想了想，说：“学习一段时间休息一下，看看漫画也蛮好的，不过要控制时间。早些做完作业，早些睡觉，明天精神才能好。你自己合理安排时间吧。”妈妈转身向房门走去，又回过身来说:“刚才我忘了敲门,对不起啊!”儿子笑了:“没事没事!你犯个错,我也犯个错,抵消了!”

之后建群和父母间的沟通交流日趋频繁,关系也重新变得融洽,灿烂的笑容又经常出现在他的脸上,成绩也在不知不觉中提高了。

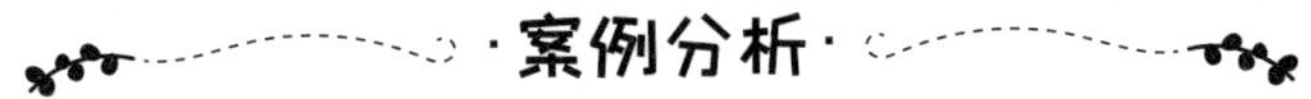

·案例分析·

青春期的亲子冲突往往源于父母对孩子的教育和日常的态度。对初中孩子来说,父母“教育的方式大于教育的内容”,如果他们觉得父母的态度(神情、姿势、语气、用词等)不好,即使说的内容是正确的,也难以接受。所以,态度很重要,方式很重要。

父母对子女的基本态度应是“尊重”,任何教育措施不能损伤孩子的自尊、侮辱他的人格。好孩子不是被管教出来的,而是被尊重出来的;不是被保护出来的,而是在挫折中成熟的;不是被规划出来的,而是自我成长起来的。

父母只要随着孩子长大,及时修改不适当的要求和家规,调整自己的教育方式,就不至于产生激烈冲突,就会形成良好的亲子关系。建群的父亲触犯了青春期孩子的大忌,翻儿子的书包还觉得无所谓,认为孩子是自己的附属品,当父亲的有权随意摆布孩子，不承认孩子享有隐私权。母亲能吸取教训，强压怒火，用温和的口吻表达希望，并检讨自己的过失，展现出长辈的豁达胸怀和教育智慧，果然避免了冲突，得到了儿子的谅解，同时引导儿子认错。这正反两个事例说明：真诚爱护孩子的实质是平等尊重，父母要确立平等思想，摒弃家长独裁作风。

父母要明白孩子是独立的个体，并非完全属于我们。他有自己的生活，有权利做自己想做的事情；他有情感和秘密，别人不得侵犯；他又有尊严和人格，别人不得侮辱。只有受到家长的尊重，孩子才能学会尊重别人，才会觉得父母是值得信任的，可以分享心事、吐露秘密。

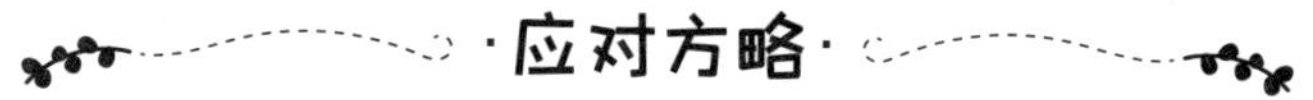

·应对方略·

一、让孩子拥有自己的时空

1. 尊重孩子自己享有的空间

每个人都要有自己的空间，孩子希望和父母保持适当距离，讨厌家长的 24 小时“环绕立体声”包围或“贴身服务”。当孩子进入青春期，父母应该明确表态：“你可以拥有自己的空间。”孩子的房间由他自己布置，家长进去先要敲门；让他自己去买抽屉锁，父母不要悄悄配钥匙；不偷看他的日记和通讯记录，建议他买有锁的日记本。

2. 保证孩子自由支配的时间

家庭成员的活动有分有合，每天，特别是节假日，除了一家人一起度过的时间，应让孩子享有一定的自由支配时间。孩子和小伙伴互相造访或相约出游，家长一定要支持；孩子完成学习任务之后，想放松休息一下，父母要欣然同意。

孩子非常珍惜属于自己的时间和空间，如果父母想要孩子在他自由支配的时间里做什么事，要用征询甚至请求的口吻说："你能不能分出一点时间，帮我做……""可不可以占用你一点时间……"这种对朋友、同事的礼貌用语让孩子非常受用，孩子会点头同意的。

亲子之间不是永远亲密无间，而是保持安全的距离。互不侵犯、彼此尊重，反而会让亲子关系更亲密，就好比树立围墙篱笆，反而能让邻里安心、相处更和谐一样。家长给孩子适当自由支配的时间、空间的同时，也给了自己一份轻松的时间和空间。两全其美，何乐不为？

二、明确并恪守心理边界

父母不尊重孩子常因心理边界模糊。心理边界，即实现心理控制功能的最终界限，它好像是座"心理围墙"，人可以在这个范围内探索内部和外部世界，但不得越境侵犯他人的心理边界。

每个人的成长过程也是心理边界的形成和确立过程。孩子在婴儿时期与妈妈没有心理边界，但随着孩子逐渐长大，他开始认识到自己原来是一个独立的个体，这个认识便是分离的开始，也是建立心理边界的开始。

到了青春前期（12 ~ 15 岁），个体的自我意识迅猛发展，孩子把心理围墙筑得高高的、牢牢的，不容许他人（包括父母）进入自己的心理领域。若家长既没有察觉孩子的分离倾向，也没有鲜明的心理边界意识，这会导致，一方面，自己很难与子女很好地分离，仍然把子女当作什么也不会的幼儿，过度地为孩子包办饮食起居，过度关注言行细节、监管学习交往，甚至代为规划孩子的未来，把自己的观念、情绪强加于孩子。这样一来，孩子在事无巨细的被照顾、被管理、被规划的过程中，非但体会不到父母的爱，反而有强烈的束缚感和压力感，产生怨恨情绪，并以各种方式来对抗。另一方面，父母自以为出于好意，随意突破心理界限，闯入孩子的私人空间，不知不觉间违反了《未成年人保护法》，粗暴地损伤了孩子的自尊，严重地破坏了亲子关系。

父母的自我心理边界模糊不清，不把子女当作平等独立的“人”予以尊重，导致孩子向两个极端发展：比较“软”的孩子，其心理边界感在父母的过度呵护和干涉中逐步消失，无法形成独立的人格，成人后仍然怀有强烈的依赖心理，不能自信独立地处理学习、工作、生活上的问题，要父母照顾、给钱、决策、办事，“永远长不大”。一些比较“硬”的孩子，对父母不尊重其人格极为反感，以说谎、顶嘴、不学习、对着干、离家出走等表达心理反抗，经过一定时间的积累和叠加效应，会爆发愤怒和怨恨，甚至失去理智，制造恶性事件。

父母要划清自己与孩子的心理边界，行事要谨慎，不可因爱而随意“越境”，例如偷看孩子的日记、聊天记录，偷听孩子的电话，甚至跟踪孩子外出。双方保持适当的心理距离和生活距离，让孩子有“长大了”的感觉。

三、和孩子一起长大

随着孩子长大，他会表现出新的心理特点，父母也要和孩子一起长大，扮演新的角色，采用新的交往方式。

1. 不扮演强势超人

孩子 10 岁前，父母扮演无所不知、无所不能的超人角色，是孩子强有力的后盾，给孩子安全感。孩子 12 岁后，开始怀疑父母决策的正确性和能力，父母如果还竭力表现出什么都懂的样子，会遭到孩子的反唇相讥：“你懂什么！”父母如果继续训斥打骂孩子，必然遭到反抗。孩子 15 岁后，开始公开挑战父母的权威；父母如果还不肯走下一家“君主”的宝座，事事强求孩子顺从，冲突就会愈演愈烈。

教育专家建议：父亲们要放弃权威角色，强势的妈妈们也不妨适时适当示弱，妈妈用示弱的方式更容易进入孩子的内心世界。双方意见分歧时，父母不要过度表现出自己对事情的了若指掌或经验老到，对孩子的反对意见满不在乎或不予理会，这会激怒孩子。

2．不扮演跟班奴仆

亲子关系不平等，如今出现另一个极端，有的父亲说现在家庭成员的地位排序是“孩子、妻子、狗、我”。独生子女俨然成了“一家之主”，全家大人都围着孩子团团转，父母、祖辈都沦为奴仆，这其实是家长制的变形。家长的溺爱和屈从剥夺了孩子自我成长和自我发展的机会，让孩子永远“幼稚化”，到了社会上依旧要求所有人顺从自己、为自己服务，这样的孩子是无法立足于社会的。

3．理解和尊重反抗情绪

既然青春期反抗是必然规律，父母就要平静地接受，并试着以和平的方式使之缓和。孩子们的反抗大多是因为自尊心受到伤害，或者只是想证明自己长大了。父母面对孩子唱反调，可以表示“我尊重你的看法”或“你尽量举例说明”，不要说“你的观点不对”“你说的是两码子事”。父母应该鼓励孩子表达自己的意见，尤其是将内心的感受表达出来，然后给予重视和关心。

青春期孩子喜欢标新立异，父母就让他觉得自己的反对意见是独特的见解。如果想以“征服”孩子、独断专行来平息孩子的反对情绪，必然事与愿违。“征服”意味着冲突和使用权力，在处理对立时，是很大的禁忌。家长如果希望孩子接受自己的想法和行为，就不应该否定他们的看法，而应经常表示同意，然后巧妙地让孩子接受自己的建议，帮助他做出抉择。

不要迫使孩子因反抗情绪产生自卫行为。在处理亲子之间的矛盾时，家长最普遍的错误就是一再强调孩子的错误缺点，勒令他认错检讨，这就等于迫使孩子奋起自卫。如果你希望缓和孩子的反抗情绪，或使他能够接受你的意见，就必须控制住立刻反驳或责怪孩子的冲动，把争执的焦点摆在一边，不要过分强调孩子的错误，而要提出问题，并注意聆听。受到孩子的反对时，要保持镇定，并认真听取孩子的意见，最好表现出听得津津有味的态度。想想为什么他会反对，他的意见（即使态度、口气不好）如果是有道理的，可以当场表示接受，让对抗变为友好。

关键词 代沟

真的说不到一块儿去吗

·案例·

这是一位初三学生的作文片段：

人们常比喻："家像一艘永远张满风帆的船，家又是温暖的港湾……"我曾由衷地想：有家真好，有亲人真好！

可现在我怎么越来越没有了这种感觉呢？我和父母之间越来越缺少那种令人憧憬的亲密与和谐——我并不怀疑父母对我的爱，他们如此精心地照顾我的一切。可我们没有话可说，一说话就暴露出横在我们之间的深沟。我和他们真的说不到一块儿去，就像两个世界的人！

我的家庭给我带来无穷的压力，父母很少在家，只要一回来，就没完没了地教训我，重弹不知弹了多少遍的陈年老调，真佩服他们能炒冷饭十几年！我才不想听呢！我的对策就是不插嘴、不回答、不接茬儿，随他们“呱呱呱”。在家里我变得沉默寡言，我甚至不爱回家，愿意留在学校里多吸几口自由的空气。

最近我被老爸逼得头皮都快炸了，原因是我的成绩又下降了。他气得只差杀了我，不停地大喊大叫。老妈要我保证下次考试有大进步，我不吭声。我心烦意乱，安不下心读书。总有一天，我会被逼出病来！整个暑假，我被软禁着，父母不许我外出，不让我和同学来往。我能忍受吗？他们要我干的我偏不干，他们说的我偏不听，我就是要唱反调！

现在是清晨 5：30，我被老爸拉下床。连睡觉时间也不属于我了？我气得心在颤抖，哪里读得进去书？我趴在桌前，写这篇《自由》。天呀！自由离我好远哪！我都快要窒息了。我想对老爸大叫：“别烦我了，让我清静点！我知道自己该怎么做！”可是，我不敢——他到底是我的父亲。

家对我来说已不是原来的家，亲人也不再亲密了。我感到伤感和迷茫，他们感到痛苦与失落。这就是代沟吗？难道无法避免吗？

·案例分析·

这篇作文所反映的就是“代沟”现象。据了解，这个孩子在校与同学、老师相处得都不错，在家却和父母缺少共同语言。他对父母的教诲听不进，父母对他的言行也看不惯，双方常为一点小事争得面红耳赤。爸爸督促儿子努力学习，出发点不错，但方式太粗暴；妈妈经常提醒孩子，也对，但太啰唆。而青春期的孩子是绝对不接受粗暴和唠叨的，亲子感情疏离对立给家庭蒙上了一层阴影，也让这个孩子十分苦恼。

“代沟”本来是指发生在年轻人和老年人之间的精神世界的疏远断裂。有些孩子觉得自己和父母没有共同语言，不乐意和他们说话。有的父母缺少童心，忘了自己小时候是怎样的，完全用大人的行为标准要求孩子；有的家长总是摆出“老子”的架势，强迫、打骂子女。于是，冲突产生了，沟通障碍形成了。如果双方不能正确面对并及时缓解冲突、疏通交流渠道，代沟就会演变为不可逾越的鸿沟。

要预防或逾越代沟，家长先要自我调整，更新思想观念，改进与子女相处的态度方式。如果在家中，每个人（特别是孩子）都能自由地表达思想和感情，能共同分享成功的欢乐，也能彼此抚慰失败的创伤，家庭就是温暖的港湾。如果亲子间以亲为壑、代沟深深，家就会变成寒冷的冰窟。

亲子之间没有根本的利害冲突，只要双方能经常保持沟通，互相理解体谅，采取合适的方式、语言、态度，彼此尊重、关心，就可大大缩小代沟的宽度和深度。设想一下：父母和子女从“沟”的两边互相伸出手紧紧相握，互相搀扶，一起跨越代沟行走在人生路上，这是多么动人的画面啊！

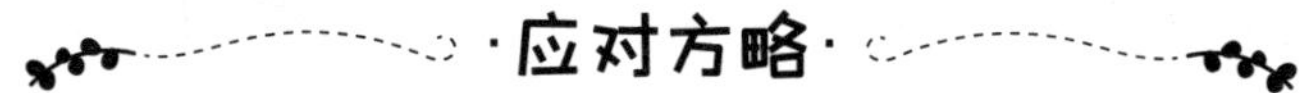

·应对方略·

一、谈“沟”勿色变

每一代人（例如青少年）都与其他代（例如父辈、祖辈）的生活经历、思维方式不同，难以互相理解和协调，因而难免发生文化冲突。年长者力求维护自己的地位和现有秩序，要求年轻人重复老一辈人的一言一行，造成两代人之间的断裂和冲突。如今，青年一代不应再被视作应该被规训的一代，而应被视作可塑造、有创造力的新人；年长者应反过来向下一代学习。

我国正处于社会转型迅猛变化期，两代人的思想观念和行为方式发生激烈冲突，代沟现象格外明显。而我国家长对代沟的理解差异较大，部分家长开始注意与孩子平等互动，还有一部分家长尚未习惯以子女为友，仍居高临下地为子女的叛逆而气愤并苦无对策。

可以预见，随着传统观念的改变，今后两代人之间的冲突会逐渐缓和。等到现在让家长头疼不已的中学生成人成家，自己做了父母，他们会从切身经历中感悟与自己子女的相处之道，相信那时的两辈人沟通会更加顺畅、矛盾会更加缓和。

二、防“沟”于未成

代际冲突主要发生在家庭中：年纪小的追逐时尚，有时不分好坏；年纪大的谨慎稳健，有的不能接受新事物。孩子把父母的劝阻当成干涉自己行动自由的阻碍，一方要管，一方不服管，就发生冲撞。一味蛮管、管头管脚，只会妨碍孩子的发展。父母的管理原则应该是：不必管的不管，该管的才管，管要得法；立规矩首先自己要遵守，有话好好说。

两代人的思想观点不一样，如果不能心平气和地摆事实讲道理、谁对就听谁的，那双方的沟通会演变成激烈的争吵、谁也不听谁的。家长应审视自己的思想观点是否跟得上时代的变化，不能“唯我独对”、强词夺理；要在与孩子的商讨中不断修正自己的观点，提升自身素质。如果家长就某些科学知识、信息技术虚心向孩子请教，孩子会很乐意地教你，这时你尊称他一声“老师”又何妨？这样孩子会高兴、自豪，做家长的也开心、骄傲。

三、逾“沟”有妙方

有代沟几乎不可避免，只是深浅不同而已；有代沟不可怕，代沟可以逾越。“沟”两边的人要和谐相处，不要怒目相向，应将心比心，从对方的立场考虑；“沟”两边的人要经常往来，就需要搭桥铺路，跨越鸿沟的正确方向就是不同代人之间的良好沟通和交流。

同一件事情，多找不同的方法来处理，不要一条道走到黑。有时候换一种方式，孩子的对抗行为就能减轻或消除，亲子间的矛盾无须“战争”就和平解决了。孩子忙于学业而忽视锻炼，父母约他晚饭前打打羽毛球，饭后一起散散步，孩子却把它当成任务式的负担，拒绝父母的好意。这时父母不要命令式地说：“这是为你好！你必须去！走！”可以变通一下：“爸妈上了一天班很累了，希望你能陪我们去散散步、放松放松，可以吗？”这样孩子更容易接受。

孩子有了破坏行为或造成损失，家长不要直接批评，而是表达难过、着急、紧张、担心，然后本着两个原则来处理：一是要孩子自己承担责任，二是帮助孩子从错误中获益。如果孩子好心办了坏事，家长更不必责骂，而是说：“你本来是要……吧？这样想很好，如果你考虑周全些、动作小心些，效果就会好了。”这种“积极假定”使用了正面的解释系统，“改译”了孩子的行为，肯定他的行为动机是好的，强化了他好的意愿。在孩子改变的过程中家长要及时给予鼓励表扬，让他觉得虽然自己没有把事情做好，但父母是理解自己的，仍旧是爱自己的。

青春期的孩子有时会提出一些不合理的、过分的要求，其实他们真正的目的不是要实现这些要求，而是要看爸爸妈妈的反应，是不是真的在意自己、尊重自己的意愿。父母可以说："你的想法很有意思，不过我能问一下你为什么会有这样的想法吗？你觉得这个想法现实吗？能说说你进一步的计划吗？怎样才能实现？爸妈能帮你做些什么？"这样的提问可以帮助孩子澄清自己的想法，当你坐下来听他描述自己的计划时，他可能发现自己什么详细计划都没有，需要的只是爸爸妈妈认同自己、尊重自己。而如果父母马上驳斥他，他反倒一定要实施。家长先说"可以考虑"，时机成熟时再说"也许可以"，尽量不说"不行"。

有时候，亲子双方想做的事情不一样，比如星期日孩子打算和同学去看电影，而父母想要带孩子去为外婆祝寿。双方可以坦诚沟通，多方规划，提出折中兼顾的可行办法，例如孩子打电话向同学说明情况，先陪父母回外婆家，下次由父母一并请同学们看电影；或者孩子制作一张贺卡请父母带给外婆，再和同学去看电影，然后下个星期日专门去看望外婆。双方讨论比较，决定一个最佳方案。只要诚心为彼此着想，双方都会满意，也会达到亲子间的双赢。

在相处方式上，投其所好；在教育方式上，避其所恶。“得法者事半功倍，不得法者事倍功半。”畅通无阻地和孩子交流，不让代沟变成鸿沟。父母教育孩子的过程，也是自身不断感悟和学习的过程。

关键词 沟通

只要你说得对，我们就接受

小天自幼就是被亲戚朋友交口称赞的好孩子。上初中后，妈妈在一次检查作业时说：“你看你的字，写得这么潦草！”他争辩道：“你知道我每天要做多少作业吗？如果不能快速完成，哪还有时间预习？”妈妈说：“那也不能单纯追求速度而不顾质量要求啊。这是什么字？像鬼画符，考试会吃亏的。你要好好练字了！我去给你报个星期六的书法班。”小天突然蹦出一句：“我是一个活人，不是机器人！不是你们遥控的！”母亲愣住了，好在自制力胜过了怒气，默默转身离开。

此后，小天和父母交心式的谈话明显减少，心里有事就写在日记里，不让父母看；他在乎同学们的评价，对父母苦口婆心的教育不予理睬。爸爸出差回来，顺口问了一句：“你最近学习怎么样啊？”没想到小天脸色一沉，粗声道：“一天到晚只知道问我学习！我是应试机器啊？”爸爸的火气一下子冲上来了：“你这是怎么说话呢？我过问你的学习是关心你！”小天也不甘示弱：“你们对分数比对我更关心，哼！”扭头走了。

爸爸还待发作，就被妈妈拉进了卧室，夫妻俩忧心忡忡地商量了好一阵。想起家长学校关于孩子青春期特征的讲座，感叹：“这孩子，长大了！”怎么办？一时想不出对策，只能小心翼翼地跟小天说话，尽量避免冲突。妈妈点进班级家长群，发现大家都为同一问题困扰。班主任问道：“为什么许多家长舍得为孩子花钱，却舍不得花时间、花心思跟孩子沟通呢？”这引发了家长间的热烈讨论，大家一致认为教育孩子光发火打骂不行，物质收买也无效，别无他法，只有沟通。家长必须改善态度和方式，才能与孩子和谐相处。

小天父母决定召开家庭民主生活会。星期六下午，全家一起去看了电影。晚饭后，趁着小天情绪好，三个人坐在沙发上，爸爸提议：“我们开个家庭民主生活会吧？主要是想听听儿子对爸爸妈妈的意见，讨论我们如何改进。大家都要说真心话，畅所欲言。”小天看到爸妈真诚的笑容，试探道：“是要我第一个发言？”爸爸妈妈一起点头：“是呀是呀！你是今天会议的主角。”妈妈说：“儿子，你已经长得跟我一样高了！你和爸妈一样，是咱家平等的成员呀。”爸爸拍拍儿子的肩膀：

“以前一直是我们说得多，从现在起，你享有充分的发言权。只要你说得对，我们就接受。”小天做个鬼脸：“这还差不多！让我说，我就说，憋了一肚子话呢。”

父母和孩子都打开天窗说亮话，提出了各自的看法和希望。一个半小时不知不觉过去了，爸爸笑道：“随着小天的长大，今后家庭民主生活会将制度化。我宣布：首届家庭民主生活会取得圆满成功，现在闭幕！”小天哈哈笑着起身，去朗读英语课文，然后洗澡睡觉。

·案例分析·

步入青春期的孩子对于“自我”的体验前所未有的强烈，许多像小天这样的“好孩子”突然变成了“刺头青”，不再顺从、易管教了。对此缺乏心理准备的家长猛地发觉自己的权威性轰然坍塌，不知如何应对。有些家长进而采取高压手段，进一步激化了亲子矛盾。

幸亏小天的父母是理智的，不仅控制住了自己的情绪，私下分析状况和原因，还参加家长学校的学习，参与班级家长群的讨论，召开家庭民主生活会与儿子双向沟通。由于父母摆正了位置、端正了态度，把话语权、批评权交给孩子，亲子三人都说真心话，才疏浚了淤塞的沟通渠道，大家心情舒畅，家庭也恢复了快乐温馨的氛围。

家庭教育的成效，关键在于亲子关系亲不亲密，而亲子关系如何，取决于亲子沟通顺不顺畅。亲子沟通还会影响孩子的在校表现。

某中学对704位家长进行调查，发现亲子沟通良好的104个学生，“需要”的层次较高（更多需要鼓励和成功体验，较少讲究吃穿玩），对学习中的困难能积极动脑解决，在课余活动中表现得主动进取；而亲子沟通不良的65个学生，学习成绩和品行表现都比前者差。

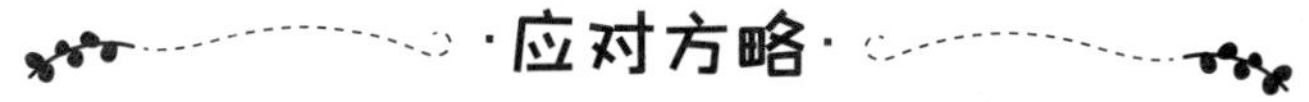

·应对方略·

一、进行双向良性沟通

1. 沟通是分享，是交流

沟通，是指通过谈话或其他方式与孩子进行对话、相互了解的过程，这是父母必须学会的一门艺术。然而随着孩子年龄的增长，家长与孩子进行思想交流、情感沟通越来越困难了。家长们应该反思：为什么自己与血脉相承的子女说不到一块儿去？怎样才能说到一块儿去呢？

交流一定是双向的，双方都说话，彼此要交心。父母不能只一个劲儿地叫孩子说心里话，自己的心和嘴却关闭得严严的。父母的快乐、烦恼、犹豫也可以有选择地对子女说一说，让孩子看到真实的父母，这样孩子也会吐露自己的心声，这种交流才是有效的。

2. 沟通要经常、及时、自然

平时在共同活动、随意交谈中，亲子可以对所见所闻讨论对与错，对影视书刊发表看法。亲子共同活动，结成玩伴、学友，一起学习、游玩、休闲，增进亲情，并渗透教育引导。这样的沟通，结果会是愉快的。如果亲子之间平时无话可说，忽然一本正经摆出阵势："你过来，我们谈谈！"孩子就会立刻提高警惕，把心灵的大门关得紧紧的。

二、搬开沟通的绊脚石

1. 负面否定

（1）抱怨责备。"说了那么多遍，你都没有进步，怎么就是不知道努力呢？你看看你，像个什么样！把我的脸都丢尽了！像你这么没有上进心的孩子，少有！真是要把我气死啊！"父母的抱怨责备是对孩子的无情否定，容易招致反感和抵触。

（2）比较贬低。有些家长喜欢用激将法，拿自己的孩子和别人家的孩子做对比："你看谁谁家的孩子如何如何好，你怎么就不如他？"家长以为这能刺激孩子的好胜心，可是实际上，所有孩子都不喜欢父母拿自己和别人比较，尤其是当众夸别的孩子好，数落自己的不好。“太丢面子了，我才不向他学习呢！”每个孩子都有自己的强项和弱项，父母可以在赞赏他优点的基础上指出他的缺点和不足，引导他扬长补短，这样孩子比较容易接受。用他的弱项和“别人家孩子”的强项比，孩子就会认为你不公正，因而产生嫉妒不平、自暴自弃的心理：“他好，那你认他做儿子好了！我什么都不好！你们不喜欢我，我走好了！”

（3）讽刺侮辱。有的父母生气时就对孩子恶语相向，尖刻的讽刺侮辱刺疼了孩子的心，严重损伤其自尊自信。父母本是孩子心目中最值得信赖的人，是自己安全的保护者、生活的依靠者，他们渴望从父母那里得到鼓励和信任，却不想得到的竟是尖刻的讽刺侮辱，这使他们受到了极大的打击，感觉自己不再被爱、不再安全，随时可能被抛弃。最亲爱的父母都对我这样不好，更何况是别人呢？于是他们会把恐惧和不信任感扩大到对一切人一切事，严重影响自己的生活态度和人际关系。

2. 威胁限制

（1）命令禁止。许多家长习惯用不容违抗的口气，命令孩子做什么，禁止他做什么。比如：“去做作业！听见没有？一小时之内不许离开桌子！”“我们出去了，你在家做功课，不许看电视玩手机，不准出门！同学约你踢球也不许去！”孩子犯了错误或没完成任务就让他罚站、不许他吃饭等。孩子虽然被迫执行，却感到怨恨和屈辱。

（2）蛮横专断。有些父母动不动就呵斥孩子：“叫你怎样就怎样，你还敢讨价还价？你是孩子，没资格和父母讲条件！你还顶嘴？”或者不进行调查就一口咬定：“你撒谎！这件事肯定是你做的！你还不承认？”孩子保证改正错误，父母撇嘴：“谁相信你的保证？你要是能做到，我头朝下走路！”这种主观臆断往往冤枉了孩子，他们委屈、申辩、哭泣，却遭到喝止：“不许哭！别狡辩！休想蒙混过关！”对这种不由分说、蛮横专断的作风，小的孩子害怕，大些的孩子会逆反对抗。

（3）吓唬威胁。鹰派父母常威吓孩子：“动作快点！别等我发火！再做不完，就罚你啦！”“下次再这样，我就对你不客气！”“再不好好学习，我们就不要你了，把你送回老家去！”“你要是考不上高中，就别回家！”有的孩子把这些威胁当真，每年都有学生考得不好不敢回家，甚至落榜生自杀的事件也非罕见。威胁的次数多了，孩子就知道父母是吓唬自己的，不予理睬，同时形成对父母深深的失望，不再说真话，遇到困难和意外也不肯向父母求助。

3. **不负责任**

（1）敷衍搪塞。孩子问问题或提要求，父母嫌烦，就哼哼哈哈地敷衍，或用“没看见我正忙着吗？”把孩子赶开。父母还总是说话不算数：答应双休日去游乐园，到时却不兑现，说从没答应过；许诺孩子考得好就给予某种奖励，面对孩子的好成绩时却说：“好好学习是应该的，要什么奖励！”孩子相信父母的许诺，努力了、进步了，换来的却是上当受骗。一次两次，他以后还会相信父母吗？这样以后父母对他提要求时，他也会敷衍，自己表示的决心、做的保证，也不会去兑现。

（2）随口乱说。有个孩子被打时喊道：“法律禁止家庭暴力，你打我，要负法律责任的！”妈妈说：“你是我生的，我想打就打！负什么法律责任？”爸爸补充：“你要是学坏，我打死你！你是死是活都要听我的！”父母不假思索、不负责任地把话说绝了，今后怎么和孩子沟通？谁会和掌握自己生杀大权的人说心里话？

有的父母认为：对小孩子不必那么认真，话都是随口说说的。可是不负责任的说法、做法会使孩子对父母失去信任。自己说话不算数，怎能指望孩子说到做到？父母说话做事不负责任，怎能培养孩子的责任感？

（3）诱供。有时候，父母听老师反映孩子做错了事，就哄孩子："你说真话，我不打你。"孩子信了、承认了，爸爸就一个巴掌扇过去。这样他以后还会说真话、认错吗？有的孩子死不认错，就是害怕说出实情后反换来一顿暴打。所以，有时孩子说谎是被父母逼的。

关键词 陪伴

爸妈愿意陪着你

·案例·

老陶夫妻外出打工，把儿女留在老家，两三年才回去一次。没有父母的陪伴和监护，年幼的小陶就如无人驾驭的野马，整天在外疯跑，欺负小孩子，偷别人家的果子和玉米。

爷爷奶奶没精力也没能力管教孙儿、孙女，只管供应三餐，对孙子的品行和学习不闻不问。

老人文化程度不高，也不会教育孩子，奶奶唠叨，爷爷恶骂。老两口经常吵架，家庭气氛不好。两兄妹肚子虽然饿不着，精神饥荒却没人救助。

三年级以后，小陶不做作业、违反纪律、说谎打架、小偷小摸。老师去家访，奶奶说："我们让他上学，就是交给老师管了。"爷爷说："我们管不了，老师也不用再来了。"小陶更加为所欲为，还留了一级。

小学混毕业了，父母把儿子接到无锡上初中。小陶刚开始还较收敛，但学习总是全班倒数第一。妈妈跑五个雇主家做钟点工，给人家做饭却顾不上给自己家孩子做饭；爸爸在旧货市场做小生意，对子女不管不顾，从不和老师联系。发现小陶做了错事坏事，爸爸就一顿暴打，妈妈则不住袒护。小陶被老师批评，妈妈总是怪老师不好，还塞钱给儿子。

虽然回到了父母身边，小陶却依然没有得到应有的陪伴、教诲和监管。小陶在学校成了孩子王，在外与行为不端的人结交来往，整天抽烟喝酒、打游戏。班主任给他的父亲打电话，不接；德育主任约他的母亲来校，不来；学校决定给小陶记过处分，老师上门通知，吃了闭门羹。初三上学期，小陶猥亵女同学，被记大过。他父亲破天荒第一次到学校来，跑到校长办公室拍桌子打板凳，反说好好的孩子被老师教坏了，要找学校算账！从此小陶更不把老师和校规放在眼里，后来干脆辍学了。

小陶和社会上的问题少年纠合在一起，惹是生非、聚众打架。他母亲路遇原班主任，哭诉儿子天天伸手要钱，不给就说“你不给，看着我饿死呀？逼我抢银行呀？”还威胁“你敢不给？打死你！”甚至真的动手打妈妈。这位既可怜又自食苦果的母亲哀叹：“这样的儿子养来做什么！”

·案例分析·

父母的责任不仅是“生”和“养”，更要“育”，生而不育是不负责任，只给钱不教育是害孩子。父母外出打工是希望改善家庭生活条件，让孩子能接受更好的教育，日后有出息。但孩子正处于树立人生观、学习为人处世的关键时期，没有父母陪伴，就得不到价值观念、道德规范以及行为方式的示范和指导，就没有人帮助他们分辨对错，提醒他们该做什么、不该做什么。留守儿童在各方面都容易发生偏差，因为孩子的道德行为发展还处在他律阶段，需要外力监督。长期缺乏父母管教，临时监护人又文化水平偏低，法律意识、道德观念淡薄，缺乏教育的能力和方法，对于孩子的行为不能及时有效地进行约束监管，这对于孩子的成长是极为有害的。

城市居民同样要尽可能多地陪伴孩子成长。《人民日报》发布的“45 条陪伴孩子成长的新理念”告诫父母们：“无论你在哪里谋生，无论生活多么艰辛，请尽可能带上你的孩子。孩子不在你身边，就在更多的危险之中。”“父母为贪图生活轻松舒适，将孩子交给祖父母或保姆，其实是在与未来进行一场豪赌。”父母如果到外地工作，请记住一定要将爱留下，时常将爱传递，与孩子保持联系，不仅是问问孩子考试考得怎么样，而要经常询问孩子在家、在校的情况，有什么需求和困难，尽量予以解决。对孩子嘘寒问暖，表达感情，用心呵护，用爱交流，让留守的心不孤单，让留守的孩子有人爱。节假日父母要尽可能回家看看，不仅仅是带回物质礼物，更要紧的是给予孩子精神安抚，对祖辈传授正确的教育方法。一旦父母在外地站稳脚跟，有了一定的经济条件，就要尽早把孩子接到自己身边，而且要对孩子多陪伴、多教育。小陶的父母正因为没有做到这些，虽然最后赚到了钱，却搭上了孩子的人生。

父母在孩子不可重来的宝贵阶段缺席，错过与孩子一起成长的黄金时机，将造成不可弥补的损失。“爸爸妈妈，你们再不陪我，我就长大了！”孩子的呼声透露出对亲情、陪伴的渴求和难以说出的失落。

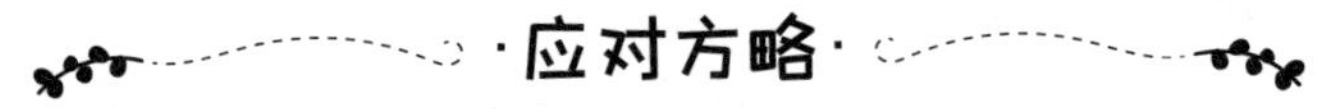

·应对方略·

一、陪伴是最好的家庭教育

1. 陪伴是对孩子最好的爱

在孩子成长的过程中，没有什么比亲情陪伴更重要的了。青春期的孩子内心动荡迷茫，对情感需求强烈却又不肯主动表露。只是给他们提供一日三餐、四季服装和学习用品，时不时地监督批评，已经不能打动他们的心。父母提供有效陪伴、温馨关怀和为人示范才是最好的关爱和教育，才是孩子成长的最大动力和可靠保障。这种彼此陪伴互动对人的影响是终生的。父母不要一心想着多挣钱，赠予孩子现成的财富，或逼迫孩子学习，争取未来的成功；应多花时间、花心思守护孩子，享受当下亲密相处的快乐和幸福。

2. 陪伴是最好的教育

亲子教育不是学校教育的“家庭版”，亲子关系也不是师生关系的翻版。对子女的教育要渗透在日常家庭生活中，在自然、温馨、快乐的氛围中不知不觉进行，在琐碎小事中言传身教。比如：女儿追星，妈妈也关注一下那位明星，一起议论其正面和负面形象，判断是与非，形成正确的家庭舆论，这样孩子追星时就不会偏离正常轨道。儿子爱打游戏，爸爸可以帮忙挑选几个健康的游戏，商定每周游戏时间的上限，偶尔和他“对抗”较量一番，给生活增加乐趣，孩子也不至于沉迷上瘾。

在有说有笑、有学有玩之间渗透教育，潜移默化，孩子会更乐意接受父母的指导，无意识地朝着父母期待的方向去发展。在陪伴中，帮助孩子塑造行为习惯、性格品质、思维方式，这些恰好是决定孩子命运的筹码。在父母温暖的陪伴中，孩子也建立起对家长的信任和仰慕，形成健康的人格。

教育专家发现:“全家人经常一起吃饭，孩子能获得较好的营养、较高的学业成绩，不易沾染坏习惯。孩子的未来，往往在餐桌上和客厅里就已经决定了。切勿在就餐时、临睡前训斥孩子。时常怀着恐惧吃饭、含着泪水入睡的孩子，生命会变得十分晦暗。”

3. 陪伴是捍卫童年的最强利器

孩子的成长过程充满不确定性和意外挑战，需要父母的陪伴和护卫。突然的意外伤害、社会负面信息的影响、不良刺激的诱惑，不是缺乏自我保护能力的孩子能够独立应对的，这都需要父母宽厚的怀抱作为后盾。父母的陪伴使孩子具有安全感、踏实感，可以放心迈步前行。

二、生命的陪伴要舍得时间

在孩子成长的关键期，家长（尤其是父亲）要推掉一些应酬、舍弃一些娱乐，尽可能多留在孩子身边，做他生活、学习、休闲的陪伴者。当然不是说父母每时每刻都要陪在孩子身边，只要孩子在家时父亲或母亲一方在家陪伴即可。

那些声称没有时间陪孩子的父母，应该想想自己在身心成长过程中的渴望，当了父母之后，为什么就忘记当时自己的渴望，而拒绝陪伴孩子成长呢？如果“当初我的父母就没有陪伴我”，那不妨反省一下，是否正因为缺少父母的陪伴，以及自己当时内心的不满，才让自己今天的表现有所不足呢？日亲日近，日远日疏。在你一次次抱怨工作有多忙时，你和孩子间的距离也一点点拉开了，孩子和其他同龄人之间成长的差距也逐渐拉开了。

你可以算一算，自己每天陪伴孩子的时间有多少？真的没有时间陪孩子吗？时间对每个人都是公平的，有差别的是管理时间的能力。陪不陪孩子，从来就不是时间问题，而是选择问题，是价值排序的问题。“忙”只是一种原因或借口，只是看你把什么看得更重要而已。钱可以暂时少赚点，工作也有再找的机会，孩子的成长期却只有一次，错过了就不可逆转、无法弥补，孩子的教育是等不起、拖不起的。陪伴孩子成长，父母只有十几年的机会，错过了就永远错过了。如果生了孩子却疏于陪伴——他学习时你不断指责，他玩游戏时你厉声制止，他烦恼时你却不闻不问，他开心时你也无动于衷。慢慢地，父母与孩子的亲情变淡，渐行渐远。待到孩子叛逆反抗时，父母又想施加高压管制，那将等于火上浇油。

生命的陪伴要舍得花时间。父母舍得花时间陪伴孩子成长，陪伴孩子学习、休闲，孩子的人生路才能走得更顺畅。

三、心灵的伴行需要耐心

以上所说的陪伴，是就时间、空间和事件而言。但父母不仅是孩子生活、学习、休闲的陪伴者，更是孩子心灵成长的伴行者。教育的本质是心灵的唤醒，而振动孩子敏感的心弦，让他们的精神世界丰富起来，不是陪他几次就能奏效的。

心灵成长是一个漫长的过程，做孩子心灵的伴行者比生活的陪伴者具有更高的要求，需要采用“用心化育、率性而教”的育人方法。陪伴需要耐心，性急不得，最忌立竿不见影就放弃。不论何时何地，不管遇到什么，父母都要向孩子传达一个信息：爸爸妈妈愿意陪着你！

父母要放松心态，和孩子一起慢慢体味相伴前行中遇到的每一道风景、每一种心情。如果连陪伴孩子的耐心都没有，时间都不肯花，滋养的过程都想省略，怎么会有好的结果？

四、有效陪伴是关键

陪伴孩子的时间多少固然重要，陪伴的质量更为关键。如果父母长时间陪伴孩子，可是亲子感情并未增进，孩子不喜欢这种“贴身父母”，父母就要反思：为什么孩子不喜欢和我在一起？我要陪孩子做些什么呢？孩子在这个过程当中是否有收获、有快乐呢？如果孩子感觉到“你是在控制我、干涉我”，那就更糟糕了。

有效陪伴的关键词是：

（1）安心。陪伴孩子学习时要安心，不要坐立不安、不停地打电话发微信，甚至嘴里埋怨：“唉！我还有别的事的！”这样孩子会觉得你并不想陪他。

（2）目标。陪伴需有预定目标，要带孩子旅游，可以事先让孩子上网搜寻旅游目的地的资料、交通路线，甚至网上订票，培养他的综合能力、自豪感和责任感。

（3）随机。家长要把与孩子相处的每一段时间，变成愉快高效的价值时间，变成进行随机教育的有利时机。这当然也要看场合、讲时机。比如，在卧室里告诉孩子要自己整理布置房间，吃饭前后讲解餐桌礼仪。在活动中依据情景“随机教育”，让孩子在此情景中获得一些有价值的东西。带孩子参加朋友聚会时，让他参与谈话，照顾比他小的孩子，帮助准备聚会用品，和服务员沟通……让孩子在力所能及的事情中展示能力。这种安排是有意识的，但不是强迫性的；是以家长为指导、以孩子为主体的引导性教育，是隐形的随机教育。

（4）距离。年龄的距离要拉近。一位教育家说：“儿子三岁，我四岁。”家长能放低身段，和孩子一起放开了玩，敢跑、敢跳、敢疯狂，和孩子一起快乐；使用孩子的说话方式，对他们喜欢的事物感兴趣，与孩子共同体会成长中的快乐与困惑。这样，孩子会轻松愉快地在家长的陪伴下长大成人，父母也能从孩子身上学到很多成人不具备的东西。

空间距离要时远时近。孩子厌烦家长整天和自己零距离，不停地盯着自己。陪伴并非时时黏着孩子，要和孩子保持适当的距离。对初二、初三的孩子，家长不必坐在桌旁陪读，可以各做各的事，父母只需适当关注孩子的动静，在需要时给予鼓励或应答。

（5）放手。一位心理学博士说：“这个世界上所有的爱都是以聚合为目的的，只有一种爱是以分离为目的的，那就是父母对孩子的爱。父母真正成功的爱，就是让孩子尽早作为一个独立的个体，从你的生命中分离出去，这种分离越早，你就越成功。”爱他就要放手，父母应该用“推出的爱”给长大的孩子更广阔的空间。

关键词 倾听

女儿的秘密

·案例·

这天，方女士 20：00 才回家，进门时，她猛然发现一个黑影趴在女儿房间窗外，心中不禁一紧。那黑影一溜烟跑掉了，隐隐约约显出是个男生。

方女士赶紧进入女儿的卧室，迎面看见小薇神色慌张地站着，就连声不断地问："刚才外面那个人是谁？你认识吗？没吓着你吧？"小薇嗫嚅道："是我同学。""同班的吗？""比我高一年级。""他找你干什么？经常来吗？为什么趴在窗外鬼鬼祟祟的？肯定不是好东西！"妈妈一轮连珠炮轰得小薇哑火了。她又接着追问："你们经常来往吗？他对你做了些什么？你是不是在早恋？说呀！"小薇号啕大哭："我没有早恋！""没有早恋，那个男生怎么找上门来？丢不丢脸？"小薇丢下一句“不要冤枉我！”就往外冲，慌得妈妈死死拽住她。恰巧此时爸爸回来了，诧异道：“怎么啦？两军交战，硝烟弥漫！”妈妈气鼓鼓地说：“吓死我了！气死我了！你还不管管女儿？”

妈妈打电话给小薇的班主任，得知她在校没有早恋的异常表现，松了一口气。老师建议父母和女儿谈谈心，一定要先听孩子说。夫妻俩商量了一番，决定第二天跟女儿谈。

第二天下午，方女士提前下班回家，用心做了几个女儿爱吃的菜。晚饭时夫妻俩说了一些趣事，小薇不开口，只微笑听着。饭后，妈妈搂着女儿的肩膀进了卧室，然后说：“咱们谈谈心吧？妈妈保证改正昨天的不良表现。”小薇起先表示没什么可说的，可经不住妈妈的劝说，就慢慢地把心里憋了好久的话倾吐出来：“那个同学姓杨，我和他是在学校朗诵小组里认识的。他想接近我，可是我对他没有感觉。他给我写过几次纸条，我没有回，他就在校门外拦着我要回答。烦得很，又甩不开。我想问你怎么办，又不敢开口。想不到昨天他找到家里来，我不开门，他就在窗外，说喜欢我，要我表态，交个朋友。我说不谈这个。他要我明天一起去看电影，这时你就回来了。我烦死了，怎么办呐？”说着小薇又流下泪来。

妈妈十分心疼，把女儿抱在怀里，柔声说：“乖乖女儿，妈对不起你。你遇到这么烦心的事，我不知道，还骂你。女儿有话不敢跟妈妈说，唉，我这个妈是不是当得很失败呀？”小薇嘟囔道：“你除了学习不问别的，除了批评没有笑脸，我说一句你说十句，我哪敢说？爸爸又经常不在家，我只有写日记啦——你要不要看？”妈妈把女儿抱得更紧了：“不看不看！我改我改！你以后有话尽管对我说！你我母女一条心哦！”小薇依偎在妈妈怀中，撒娇地点头。接下来，母女俩一起商量怎么处理这件事，小薇脸上的阴云散去。她擦干泪水说：“我好了，做作业去了。”

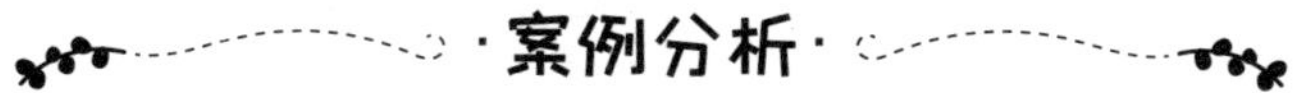

·案例分析·

人们常说“女儿是妈妈的贴身小棉袄”，母女之间应该是无话不说的。但案例中这对母女，妈妈是一家之主，不怒自威，管起来事无巨细，说起来滔滔不绝；女儿呢，遇到青春期难解之题，不敢对妈妈说，不好意思对爸爸说，只有自己扛着，不知所措。现实中，很多像小薇这样的女孩，宁愿把自己的困惑、苦恼和思考诉诸笔端，也不愿向父母敞开心扉。

很多父母是强势的，习惯了自己说，子女听，只顾着自己畅所欲言，不给孩子开口的机会；即使让孩子说，往往也不认真听。父母只说不听的一言堂令孩子十分反感，他们选择堵耳闭嘴，这也使家长闭目塞听，不可能走进孩子的内心，施教也就无从谈起。当父母滔滔不绝之时，孩子紧闭心和嘴已走远了。好在小薇的父母及时警觉，妈妈爽快地承认自己的错误并改正言行，以平等朋友的态度倾听女儿诉说原委，帮她出主意解除烦恼。

倾听是有效沟通的必要部分，学会倾听子女的心声是父母的必修课。认真倾听也体现出一个人谦逊的教养，可以展现自己的素质，为孩子做出榜样。“倾听”不是一般的“听”，而是要全身心地去感受说话者表达的言语信息和非言语信息，再通过思考达到认知和理解。倾听要求父母不仅仅是用耳朵听清孩子说的话，而且要用心来关注地听、积极地听、认真地听，适度参与，以善意和细心、耐心、诚心、虚心、同理心为子女排忧解难。

广义的倾听包括文字交流等方式，父母通过书信、字条、短信、微信、QQ 等多种方式倾听孩子的心声，也是不错的选择。

父母倾听的心灵应是真诚的，倾听的耳朵应是敏感的，这样才会成为孩子忠实的朋友。

·应对方略·

一、“俯身”倾听

倾听是一种平等而开放的交流，“俯身”倾听不仅仅指父母俯下身姿的具体动作，更是指平等对待孩子的心理状态。父母在孩子人生中的角色不仅仅是良师，更应该是益友，要放下家长的权威架势，站在孩子的立场上，设身处地地为孩子着想，乐其所乐，哀其所哀，急其所急，怒其所怒。双方有相似的感情、相近的想法，沟通才能持续。

当子女向自己倾诉时，父母作为真挚的朋友，要给予充分的尊重。不要打断孩子，让他把话说完；没有听懂或弄清楚，可以问“你的意思是不是……”以免造成误解。无论孩子说的事情在你看来多么幼稚可笑，他向你诉说这件事已经表示极大的信任，值得你珍惜。所以，不要嘲笑他，也不要以居高临下的姿态评论，要允许并接纳孩子的不同想法，思考他说得是否有道理，自己是不是对他有偏见。即使你不赞同他的想法，也要给予他想要的理解和安慰——在困境中支持孩子是父母的义务。

二、反应倾听

反应倾听，是指父母在倾听过程中体察敏锐，做出反应。

不仅要听清孩子“说”了什么，还要体会他的语言里包含的“感觉、感情”是什么，要注意捕捉他用身体和表情表达出来的非语言信息。父母可以不加入自己的任何价值判断，通过肢体语言表示“我听着呢，我理解你，我同意你”。父母也应适时表达自己的见解，与孩子共同讨论，彼此互动，帮助孩子化解矛盾或宣泄感情；但不要喧宾夺主，更不要把话题岔开；不要回避孩子的提问去反问，要做到所答即所问。

如果孩子诉说的内容只是一种莫名的情绪，父母不需要完全感染他的情绪或想办法帮他出气。但如果他所说的是一个尚待解决的问题，你可以帮他把事情从头到尾梳理一遍，分清哪些是他自己做得不对，哪些是别人的问题，然后帮助他提出解决方法。这时的父母就像一面镜子，将孩子的感受和情绪反映出来，帮助他看清自己、了解自己。孩子不能完全、准确地表达事件或情绪时，父母不要心急，可以对已掌握的情况有所反应，向孩子传递“我懂得你”的信息，鼓励他进一步倾诉。

有时孩子在诉说的过程中，自己渐渐有了主意，父母觉得正确可行，就应给予支持和赞赏；如果觉得不尽妥善，也可以提出建议，帮他参谋，让他自己做出决定。即使他最终没有采纳你的建议，你也要给予鼓励和祝福。

孩子倾诉而父母无反应，沟通就会中断，很可能之后就再难有沟通的机会了。如果亲子沟通不畅，家长不妨反思自己：当孩子对所见所闻发表议论时，爸爸是否表现出不以为然或无动于衷的态度？当孩子在倾诉自己的烦恼痛苦时，妈妈是否自顾自地唠叨自认为正确的“人生建议”？当孩子眉飞色舞地描述自己取得的成绩时，家长是否严词厉声警告“别骄傲自满”！同时，父母不要对孩子的一言一行全部做出反应，特别是在彼此还没有建立良好的信任基础时，父母过度的倾听反应会使孩子拒绝与父母沟通。

三、倾听的要点

1. 时机

（1）父母有意愿。父母必须愿意倾听孩子的倾诉，如果没有时间或没有心情，就要等到准备好了再倾听。

（2）孩子有需求。孩子也许愿意与父母分享自己的情绪，也可能不愿意而保持沉默，甚至走开。父母要尊重并接纳孩子“说或不说”的选择，不要强迫孩子说出来。

（3）孩子有困惑。孩子在校遭遇不快、受到批评、考得不好或遇到棘手的事，产生烦恼困惑，需要指点时，正是引导他打开心扉、尽情倾诉的最好时机。错失此时机，孩子的心扉又会关上。

2. 放松

找个不会被打扰的安静地方，家长和孩子一起坐下来，面对面或肩并肩，并且在同一高度上，距离比一般的社交距离稍近些。家长可以先说些轻松有趣的题外话，让孩子放松。如果孩子一开始就情绪激动，无法把事情说清楚，拥抱和拍抚会有助于孩子稳定情绪。孩子说完后，让他喝点热的饮品，他会感受到被关心，热的食物也容易让人重新振奋起来。

3. 专心

孩子说话时，父母一定要全神贯注地听他说，让孩子觉得父母很在意他的话，感觉自己受到了尊重和鼓励，在体会父母之爱的同时，愿意说出自己心里的感受，也就会愿意改正自己的不足之处，和父母一同面对各类事情、解决很多问题。

孩子说话时，父母要身体向前微倾，保持目光接触，眼神柔和地看着他，用点头、表情或“嗯”的回答表示自己对谈话感兴趣。不要一边做自己的事，一边心不在焉地似听非听；不因外界干扰而分心，不做小动作，不接打电话，不走神。父母专注的态度会鼓励孩子无拘无束地畅所欲言。

4. 接纳

理解并接受犯错的孩子，鼓励或帮助他寻求解决问题的途径。家长要注意体察孩子的感觉，将孩子话里蕴藏的情感复述出来，表示接受并了解他的感觉，这会产生相当好的效果。倾听孩子的谈话要注意信息反馈，及时查证自己是否了解他。可用“不知我是否了解了你的话”“你的意思是……”来表示询问，看孩子是否认可你的解释，当你确认自己理解得对，再提供实际的帮助和建议。

四、倾听的禁忌

1. 不要过于急切

不要匆忙下结论、急于评价孩子的观点或急切地提出建议。即使不同意孩子的看法或有必要纠正其不当观点，也要等他把话讲完后再阐明。不要边听边琢磨他下面会说什么，提前在心中做出预判。尽量避免把孩子的事情染上自己的主观色彩。

2. 防止自以为是

不要总想占主导地位，例如常打断孩子说话，按自己的意图让孩子说什么。不要把精力放在思考怎样反驳孩子某个具体的想法上，不要因为与孩子看法不同而与其激烈争执，不要深究那些不重要或不相关的细节。千万不要使用影响沟通效果的言语和态度，这些属于沟通的绊脚石的“红牌”词语，以免引发过激反应。

3. 避免思维定式

在听孩子倾诉之前先形成某种看法，例如想当然或听了别人的只言片语就偏听偏信、先入为主，这种思维定式会影响家长对孩子和事情的真实了解。如果不相信孩子的申诉解释，就要更全面地了解情况。

倾听花开的声音，我们能看遍姹紫嫣红；倾听溪流的声音，我们能读懂千山万水；倾听孩子的声音，父母才能架起亲子沟通的桥梁，走进孩子的心灵。倾听，是父母必须学会的一件事。

关键词 家长自我提升

学做好家长

·案例·

贾容韬是某服装鞋帽公司经理，女儿成绩不好，有一次只考了70分，他气得摔瓶砸罐，宣布："你差30分才够100分，我绝食三天！"儿子说他："只认分数不认女儿，算什么父亲？跟只认钱不认人没什么区别。"儿子也不争气，沉迷网络游戏，爱打架，屡教不改，差点被学校开除。

老贾去外地看表哥，见他独自病恹恹地躺在床上流泪："龙龙以前是多好的孩子啊，我没有管他，送去住校，就完全放手了。他变得不肯学习、讲究吃穿，在社会上交了些不三不四的朋友，后来竟染上了毒瘾，没钱就偷抢，因抢劫罪被判刑四年。你表嫂气疯了，住进了精神病院。是我害了儿子呀，也毁了这个家！"

老贾一整夜没睡着，表哥的泣血哭号让他悟到：任何成功都弥补不了教育孩子的失败！他决心成为教育内行，订了几种杂志报纸，买来了一大堆名人传记和教育专著，将全部业余时间用来读书，还戒了烟酒麻将。过去，他对孩子说来说去总是“要努力学习呀”，现在他讲的是“钱学森当年……钟南山小时候……”

当老贾第一次问儿子心情好不好时，孩子大吃一惊，小心翼翼地问：“有什么事？直说吧！”爸爸讪讪地说：“以前我不懂怎么养育儿子，现在知道养孩子不能喂饱就万事大吉，还要关心孩子的喜怒哀乐。以后我要像歌词说的那样，‘快乐着你的快乐，幸福着你的幸福’。”小贾沉默了一会儿，红着眼睛说：“老爸，谢谢你终于明白了。比起衣食，我真的更需要精神上的关爱，盼望遇事可以和老爸商量，有烦恼了可以向你诉说。”老贾眼眶也湿润了，儿子第一次和自己掏心掏肺地说话！

期末考试，上高中的女儿数学只考了60多分。按惯例老爸要绝食四天，于是她帮妈妈做了几个好菜，不停地给父亲夹菜：“爸，吃得饱饱的，把四天的饭都吃进去。”不料父亲微笑着没生气，他记得老师说过：考砸了，正是孩子最痛苦、最伤心的时候，做父母的再打骂一顿，再给压力，那不是往孩子伤口上撒盐吗？有本事的父母应该帮孩子拿出提高成绩的具体措施和方法，没本事的至少要鼓励鼓励孩子。老贾平静地对女儿说:“胜败乃兵家常事。初中时你多辉煌啊，数学还考过满分呢。以你的聪明，只要用心，下次一定能考好。”她用怀疑的目光看着父亲:“你不绝食?”老贾反问:“你考砸了，我为什么要挨饿?我吃饱了等着你的好成绩呢!”女儿哭了:“爸爸，只要你相信我，我就有信心!”高考时，她数学考了138分（满分150分），被上海财经大学录取。

这时儿子与父亲已亲如哥们，学习也认真了很多，但网瘾还是没有戒掉，受到了学校的警告。老贾决定关掉红红火火的工厂，夫妻俩一起去陪读:“赚钱的机会以后还有，儿子的教育可误不得。”他在学校旁边租了房子，接儿子回家住，妻子负责伙食，他负责转移儿子对网游的兴趣。老贾每天清晨陪儿子跑步，在家里支起乒乓球桌。三个月后，儿子的乒乓球艺提高了不少，还包揽了学校运动会长短跑冠军，极大地增强了自信，渐渐少去网吧了。

有一天，小贾又被几个同学拉去网吧玩了通宵。清晨他低着头走进家门，爸爸端上热饭热菜，说:“虽然你又去网吧了，但你的进步是惊人的，进网吧的次数已经大大减少了，这证明你是有毅力的人，离成功不远了!连‘网魔’这么强大的敌人你都能战胜，还有什么困难不能克服呢?”儿子激动得大喊“老爸万岁”!后来他不但戒掉了网瘾，而且考上了一所好大学。

潜心研读了数百本教育专著的贾容韬，在把一双儿女培养成才的同时，自己也成了闻名全国的教育专家。在他的帮助下，900 多名厌学孩子成为优等生，400 多名网瘾少年戒掉了网瘾，80 多名辍学儿童重返校园。

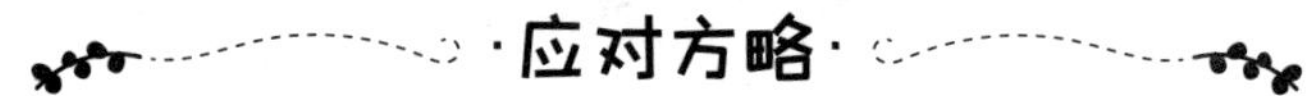

应对方略

一、学会做父母

人们笑称父母是“无证上岗”，幽默中包含着并非生了孩子就会当父母的道理。要当好父母，就要学习一些儿童心理学和家庭教育知识，以正确的教育观念为指导，采用恰当的教育方式，并在实践中不断用心体验摸索。学习途径是多样的，报纸、刊物、家庭教育网站……都有海量的育子经验，可从中撷取适合自己和孩子的成功方法，掌握可行的教育技巧。

家长的自我提升，必然带来家庭教育的新气象。孩子感受到家长的改变，觉得父母更了解自己了，和自己更贴心了，自然会更亲近父母。目睹父母努力学习并做出改进，孩子也会把家长当作榜样，认真学习，改进言行。于是，父母严慈相济，子女自觉努力，全家共同进步。

要做先生，先做学生；要做孩子的老师，自己先要做学生。

二、学会当“老师”

1. 明确育子目标

家庭教育应和学校教育一样，坚持以人为本、以德为先、以学为重。

（1）以孩子的发展为本。根据孩子的天赋、成长条件和家长期望，制定切合实际的目标，决定教育重点，选择教育方法。人生的终极目标不是获取财富，而是生活幸福、心情快乐。孩子即使在校不是尖子生，工作后并不出类拔萃，只要他自己觉得快乐、幸福、满意就好。家长要把目光聚焦于帮助孩子德智体美劳全面发展和身心的和谐发展。家长要做的，不仅是为孩子的生活、学习提供良好条件，进行包括身体与营养、健康与锻炼、安全与防范、认识自然与环境保护、抗挫折能力、忧患意识与苦难体验等教育，还要让孩子爱惜生命、珍惜时间，培养生存意识与生存能力；同时指导孩子在掌握和运用知识技能、取得良好的学业成绩的同时，形成健全的人格。上学、求学的过程就是儿童社会化的过程，家长要帮助孩子学会的不仅是科学知识、操作技能，还有为人处世的基本态度、方式和习惯。比分数更重要的是优良的个性，包括良好的行为习惯、道德品质、处世态度、心理素质、健康体质、兴趣特长等。

（2）以德为先。道德品质乃为人之本。一个学生虽然学习不错，可是品行恶劣，人们还是会认为“这个孩子不好”。一个孩子如果品行敦良，虽然成绩并不拔尖，人们依然会评价“这是个好孩子”。可见大家对人的评价标准是把道德品质放在第一位的。当前社会上有一些消极、颓废的精神垃圾存在，初中孩子往往分不清是非，容易受到消极或负面的影响，盲目模仿，导致思想偏颇、行为失范，有的甚至走上违法犯罪的歧途，这更凸显家庭中良好品德行为教育的重要性。有的家长说：“智育不合格是次品，体育不合格是废品，德育不合格是危险品，德、智、体三者中德是重中之重。”还有家长说：“人活世上，第一重要的是做人。我对孩子最重视的就是教他学做人，培养良好的品德和习惯。”

(3)以学为重。学生的主要任务和主要评价指标是学习，但不只是看学习成绩，还要看学习态度和方法。父母不一定能给孩子讲解学科知识，但可以帮助孩子明确学习目的，激发学习动机，端正学习态度，掌握学习方法；帮助孩子集中精力，养成坚韧毅力，合理分配时间，提高学习效率和成绩。

2. 改善教养态度

积极的教养态度有：尊重、平等、平和、耐心、宽容等。消极的教养态度有：冷漠、尖刻、专横、急躁、粗暴等。相对家长来说，孩子是弱者，父母不能恃强欺弱。孩子是在不断犯错、不断改错的经历中懂事成长的，这需要家长的理解和宽容。孩子的成长是一个漫长的过程，不像魔术那样说变就变，前进中会有暂时停步或反复，这需要家长的耐心等待。

作为教育者，家长必须学会管控自己的情绪和行为，转变言语模式。

（1）态度平和。青春期的孩子非常介意家长的态度和口气。家长有话要好好说，要做到神态自然、语气温和。

（2）恰当夸奖。孩子有进步、有创意时，父母要以真诚的态度、用高兴的神情夸奖孩子，不能无动于衷、毫无反应。但是夸奖要有限度，滥用表扬奖励会导致孩子自大自负，听不得一点批评，为物质金钱而学习。

（3）切忌发火。孩子行为的错误往往反映了家长的教育错误。孩子如果有什么事情没做对，家长第一件要做的事情不是怒形于色、发火责骂，而是自我反省：孩子为什么会这样？我为什么想发火？我有没有做好榜样？有没有经常沟通？有没有具体指导？有没有冤枉孩子？然后心平气和地指出孩子的不足之处，让孩子自己说该怎样弥补。

3. 讲究教育方法

教育子女的方法有很多，也分积极和消极两大类：积极的方法如引导兴趣、启发思维、树立榜样、亲子沟通等；消极的方法如溺爱、打骂、放纵等。

家长要学会当“老师”，还要明白，在成长过程中，孩子是主体，家长是外力。要想培养孩子自我教育、自觉成长的意识，只有当孩子感受到家长是尊重和信任自己时，他才会乐意接受这种外因推动。

— 信息时代篇 —

关键词 电子产品依赖症

孩子成长的双刃剑

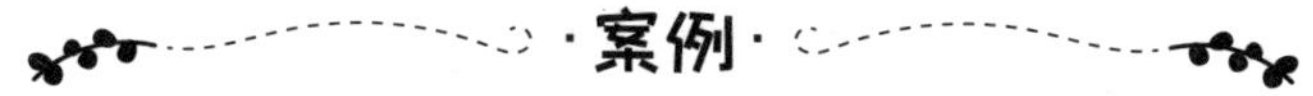

·案例·

小黎的妈妈在家长群里吐槽:“我给孩子下载了一款学习软件，想让他养成自主学习的好习惯。但我没想到儿子不但没有利用它来学习，反而用软件玩得不亦乐乎，连学习都耽误了。”父母收入高，给小黎买过许多电子产品，*iPhone*、*iPad*、掌上游戏机等，他都玩得很溜，一天也离不开，而无心学习。妈妈搜索到一款学习软件，把它推荐给孩子，看他每天花大量时间捣鼓这个 *App*，以为孩子终于愿意学习了，颇感欣慰。

过了一阵子，妈妈偶然发现儿子在这个 *App* 的一些板块中发帖、聊天，根本不是在学习。“这是个什么软件？”妈妈决定自己先看个究竟。于是她打开了 *App*，点击“学生圈”，发现里面有 100 多个圈子，除了学习讨论，竟然还有“自拍交友”“暗恋心事房”等圈子！恼怒的妈妈当即决定将App卸载，没想到小黎自己又下载安装上了；妈妈再次卸载，儿子继续安装。一气之下，妈妈没收了儿子的手机，母子大吵一架。小黎嚷道：“让我用的也是你，不让用的也是你！”妈妈很懊悔：“我以为那就是个学习平台，没想到会有那么多乱七八糟的东西！”

·案例分析·

小黎迷上电子产品、热衷网络聊天和网络游戏有些年头了，一天也离不开。妈妈采取强硬措施卸载不良软件，母子展开拉锯战，这样是不可能让孩子戒除网瘾的。

种类繁多、日新月异的智能电子产品既带来方便、愉悦，也造成了许多困扰、伤害。电子产品都有一定的辐射，过多使用，经常被罩在电子雾里，会对人体细胞造成损害，不但会增加脑瘤的发生率，而且会让人从身到心，听力、视力、智力等各个方面都受到伤害。

使用电子产品基本上都要联网，对电子产品和互联网的过度依赖会导致网瘾。我国城市青少年网民中有网瘾的约2500万人，有网瘾倾向的约1800万人。有人说“00后”已变身“宅童”一代，在自由时间里，超过80%的人与电子产品为伴，对户外活动没有太大兴趣，“无聊，没意思”是他们的口头禅。

让不让孩子上网成为家长们争论不休的话题，其实完全禁止孩子上网是不可能的，也是不必要的。家庭要更健康、合理地使用电子产品，结合孩子的健康、教育以及娱乐的需求，创建个性化的电子产品使用计划。家长要以预防为主，本着“明理与强制相结合”的原则，让孩子认识并避免电子产品依赖、上网成瘾的危害。

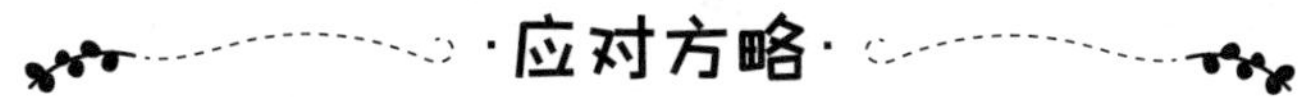

一、让孩子认识网瘾危害

1. 对生理的影响

长时间上网会造成自主神经功能紊乱、激素水平失衡、免疫功能降低，导致食欲减退、易疲劳、消化不良、大脑血流量减少，或造成视力下降、眼痛怕光流泪，甚至诱发心血管疾病、胃肠神经官能症、紧张性头痛等疾病。

2. 对心理的影响

与现实世界产生隔阂，自我封闭，不愿与人面对面交往，兴趣失常，排斥其他事物，影响正常的认知、情感和心理定位；性格怪异，有可能产生人格分裂，被强制离开网络便神情恍惚、焦躁不安，拔眉毛、吵架、打人、偷窃、损坏物品，或举止失常、胡言乱语、寻死觅活。医学研究表明，沉迷网络半年以上的人，容易产生心理障碍，患精神疾病的可能性比常人高 4 倍。

二、发挥互联网的正面作用

中学生对互联网的需求包括玩游戏、获得新闻、满足个人爱好、提高学习效率、研究有兴趣的问题、结交新朋友等。家长想让网络成为孩子的良师益友，渠道很多，网络学习软件即是其中之一。其中有不少针对中小学生推出的手机端 App，还有电脑＋ iPad ＋手机三位一体的应用软件。

父母可鼓励子女适当应用这些学习软件，获得更广泛的学习机会，但这些 App 良莠不齐，且有很多存在涉黄内容。为了避免网上课堂变成污秽信息的温床，家长要仔细审查软件是否包含有害内容，考察其运营公司有没有资质。如发现有害信息和严重错误，应当卸载软件并举报，以防止对孩子造成精神伤害。

家长可帮助孩子订阅青少年网站和报刊的免费电子刊物，鼓励孩子在网上博览群书，学会并经常使用搜索引擎，独立查找所需知识和信息，增强自学能力。告诉孩子：你上网检索学习资料，我支持，但内容要健康，时间上要适可而止；

把要完成的具体任务和需要查找的资料目录列出清单，根据任务量限定上网时间，时间一到，马上下网。当孩子做到这一点，他的上网行为就进入正轨了。

三、指导孩子安全使用电子产品

有研究指出："家长在孩子使用电子产品这一行为中起到了至关重要的作用，具有正面和负面的双重影响，父母可以设定期望和界限，确保电子产品给孩子带来的是积极作用。"相关专家特别提醒，家长要尽早给孩子确立并坚持"界限"，不能因为惧怕孩子疏远自己而导致界限缺失。家长指导行为的重点是帮助孩子平衡电子产品的使用和学习、生活的关系，引导孩子把电子产品作为一种工具来进行学习、创造和沟通，而不仅仅是娱乐。把电脑当作工具的人能够进行自我控制，不会流连网络。过度放纵或严格禁止孩子玩电子产品都是不理性的，把握好分寸，让孩子养成良好的"电子卫生"习惯才是正确的做法。

1. 严格控制

(1) 把控时间。家长和孩子一起制定上网协议，例如，允许孩子在有需要时可申请上网，并根据需求设定孩子的上网时间和总计时长；或者规定孩子只能在周末完成作业和预复习之后才能使用电子产品，并约定使用时间，时间一到，必须马上下网。很多IT从业者都限制子女使用电子产品的时间，比如禁止他们在非周末晚间使用电子产品，周末可以使用的时间也很有限。

（2）把控地点。使用电子产品必须在客厅里或家长目光所及的地方，如在卧室书房学习时需要上网查阅资料，不能锁门。

（3）把控姿势。①保护视力。不要关了灯躺在床上看手机。长时间以不良姿势进行电子阅读很伤眼睛，不妨使用一些可以保护眼睛的手机插件，把网页的背景变成比较柔和的护眼色。②保护颈椎。抬高手机，使手机屏幕中心与眼睛在同一高度，头部保持垂直位，并经常变换姿势。

以上规则要和孩子一起商定，孩子必须事先知晓规则和后果；执行中，父母的态度要温和坚定。孩子做到了就称赞、爱抚或给予小奖励，不遵守规则也要有小惩罚，比如减少一次电子产品的使用时间或限制他做他喜欢的事情。

2. 保护个人信息

教导孩子在使用电子产品的过程中保护好个人信息，杜绝安全隐患，引导孩子在网上尊重他人、拒绝暴力、不惹麻烦。

四、提供积极的情感陪护

孩子依赖电子产品、上网成瘾的主要因素是心理问题。

造成孩子心理问题的原因，一是父爱缺失。父亲是工作狂，或脾气暴躁，或性格过于内向木讷，都易造成父爱的缺失；二是父母的教养方式兼有溺爱和控制。某家庭教育支持机构近三年来接待、接听了 3 万多个来访来电，有网瘾倾向的孩子中，99% 的孩子的家庭都有严重问题，例如父母关系紧张、亲子缺乏沟通，家长教养态度不一致、父母教养不得法。缺乏亲人陪伴、亲情关怀，备感孤独的孩子极易投入电子产品的怀抱。一个网瘾少年后面就是一个问题家庭和一种问题家庭教育。

要防治孩子的网瘾，家长必须营造温馨和谐的家庭氛围，多花时间陪伴子女，理解和尊重孩子的精神需求；不采取打骂等激烈的手段来教育孩子；多陪孩子进行各种户外活动，一起愉悦身心、亲近自然、了解社会，让孩子感受到与身边亲人的交流比时刻低头看电子屏幕要更加温暖。家长有效的陪伴、高质量的亲子沟通、妥善的时间管理，可以让孩子在快乐的成长环境中发现现实生活的美，将热情和精力投入现实中。

电子产品对孩子也有积极影响，孩子可以借助它学到很多知识技能。父母可以教孩子使用电子产品辅助学习，也可以适当地和孩子一起玩益智类游戏，在共同活动中增进亲子感情，渗透教育引导。

家长应加强自我控制，与孩子交流时不频繁看手机；孩子学习时父母可以用手机看电子书，但不要打游戏、看视频。试想，父母自己玩手机游戏、刷短视频成瘾，却严禁孩子玩电子产品，会有效吗？

关键词 网游成瘾

网络游戏的虎口

·案例·

小鸥在一所寄宿学校读初中，但他极少在教室学习，经常旷课去校外电子游戏厅、网吧通宵达旦地玩游戏，把学校当旅馆和餐厅。久而久之，小鸥变得沉默寡言，言行粗鲁，一句话不对就拳脚相向，破坏纪律、损坏公物更是家常便饭。老师几次打电话请家长来校，得到的答复总是母亲没空、父亲在外地。

期末考试，小鸥主科分数居然都是个位数，班主任找他谈话宣布要给他处分，他声称要退学。学校通知家长说小鸥实际上已经辍学了，学校同意他退学。妈妈这才气急败坏地来到学校，请求保留学籍，把儿子接回家。

夫妻俩一起教育孩子，儿子却讥笑他们不懂生活！妈妈为了"懂生活"看他打游戏，被其中的暴力情景吓得毛骨悚然，赶忙劝小鸥别玩这种游戏了，好好学习。他嗤之以鼻:“学习有什么用？不打游戏，活着有什么意思？”整个暑假，小鸥在家里过着黑白颠倒、虚实混乱的生活，精神恍惚，好吃懒做。爸爸气得注销了宽带、扔掉了路由器，小鸥像疯了一样，将电脑屏幕砸了个粉碎，还以离家出走、断绝亲子关系来威胁父母“不得干涉我的爱好”。

此后，他开始动不动就对家长和邻居喊打喊杀，有一次竟真的和父亲动起手来。妈妈从他的抽屉里找到了一把匕首，吓出了一身冷汗，立即去找心理医生。小鸥被确诊患有网络成瘾症，住院治疗。

·案例分析·

网络游戏是很多中学生的最爱，是他们交谈的主要话题。网络游戏入门简单，奇妙的情节创意、虚拟的自我身份、逼真的环境画面、劲爆的游戏互动、不断升级的自我价值体验，对生活枯燥单一的中学生有着巨大诱惑，一旦上瘾就很难再回到正常的学习轨道上。网络游戏已成为危害青少年的头号瘾症，有数据统计，我国网络游戏青少年玩家中患网瘾的占17%，其中 90% 是男孩。小鸥就是一名患网瘾的初中生，父母只顾工作挣钱，长期置儿子于不顾。老师发现小鸥有网瘾倾向，请家长来校商议引导措施，父母仍不配合老师共同教育孩子，以致小鸥肆无忌惮地玩了近一年的网络游戏，沉溺其中而难以自拔。

虽然网络游戏并非一无是处，但因一些无良商家不把给他人带来欢乐当作自己的使命，而利用人性的弱点来拼命赚钱。许多自控能力差、人格尚未完善的青少年成了网络游戏的俘虏。

家长声讨："一些网络游戏把我们的孩子害惨了！"

法官呼吁："别让网络游戏成为未成年人犯罪的'工具箱'！"

教育专家警告："网络游戏成瘾已成为影响全球青少年成长、排在第一位的严重问题，它对青少年的危害不亚于毒品！"

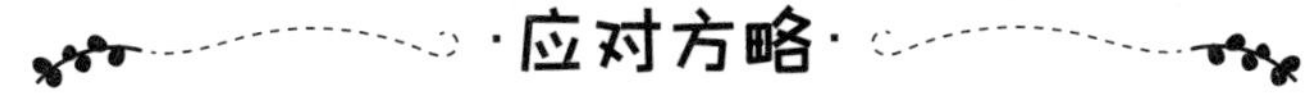

应对方略

一、引导孩子认识网络游戏成瘾的危害

网络游戏有多种类型，角色扮演游戏、动作游戏、冒险游戏、策略游戏、即时战略游戏、格斗游戏、射击类游戏、体育竞技类游戏等。虚拟战争和英雄角色满足了很多人的英雄主义、自我中心和施暴杀戮情结；游戏中夫妻情侣的爱情

关系、君王富豪的奢华生活，让游戏者坐拥虚拟的财富、荣耀和异性朋友，满足内心的渴望，发泄对现实的不满，弥补在社会中的挫折感。

青少年沉溺于网络游戏，各种现实问题接踵而来：

1. 打乱正常生活

正常生活秩序被玩游戏打乱，更有甚者，厌学辍学，疏远亲人。

2. 降低机体素质

个体免疫力下降，产生各种慢性疾病，甚至导致精神疾病或猝死。有个初中生偷了家里1.8万元钱，深秋穿着羽绒服住进网吧，家长把他强行带出来时已是春暖花开，他的体重从70多公斤瘦到只剩40多公斤。

3. 损伤心理健康

大脑前额叶发生实质性损害，头脑混乱不堪，分不清现实和虚拟世界，导致心理障碍和精神疾病。注意力严重下降，丧失与人正常交往交流的能力。

4. 丧失道德法制观念

现实中，人受舆论、法律、道德的约束，检点自己的言行，但在网络游戏中却经常为所欲为，且容易逃脱暴力、色情等恶行的责任。受网络游戏影响严重者，在现实生活中也经常无视道德约束，不守规则，肆意妄为，直至违法犯罪。未成年人犯罪中，有 76% 与沉迷网络游戏相关：有的为了弄钱上网、买游戏装备而偷盗、抢劫，甚至杀人；有的为了买电脑和游戏账号而假装被绑架，敲诈父母；甚至有个孩子因要钱上网被拒绝，用铁锤砸死抚养自己的奶奶，然后拿着钱若无其事地去玩网络游戏。

二、培养孩子的多种兴趣

学业和心理的负担过重会导致孩子丧失学习兴趣，功利性的学习动机和升学压力挤压他们发展其他兴趣的时间，孤独无聊的孩子便投入网络游戏中寻找互动和激情。如果孩子有广泛的兴趣爱好和优良的心理素质，就不至于沉迷于网络游戏中。

1. 让孩子爱上学习

父母试着用青春期孩子的眼光去观察世界，一起去发现、提问、讨论，共同得出结论。对孩子进行提问时，问题要小而具体、新而有趣，富有启发性，还要有适当的难度。孩子思考了、答对了，父母就惊喜地赞扬："到底是初中学生了，懂得真不少！""数理化知识都用上啦，真厉害！"在孩子潜意识中强化"学习有用"的观念。

鼓励孩子花时间自己解决难题，把原本认为不可能解出来的难题解决，那种成就感比打游戏更让人快乐。这种内在动力加上父母夸奖的外来动力，可以把孩子的心思引回到学习上。

2. 培养孩子多方面的兴趣

培养孩子对文学、艺术、体育、自然、科技、社会等多方面的兴趣，引导孩子多运动锻炼，学习音乐、美术，参加各种竞赛和社会活动，尤其是公益活动。培养孩子的对外关注力，转移他对网络游戏的依赖和迷恋，让他充沛的体力、精力有“泄洪渠道”。这就是家庭中可以实施的“代替疗法”。当孩子感受到除了学习以外，生活还很丰富、很快乐，体验到家庭的温暖、现实生活的美，网络游戏就不会是他唯一的乐趣了。

三、引导孩子回归人际交往

在家中，家长要关注孩子的心灵成长和情感变化，理解和满足孩子的精神需求，改善教育方式，成为孩子成长路上的同伴和心理倾诉的对象。通过情感互动和心灵接纳等模式，唤醒孩子求知上进、善良感恩、坚毅自控等沉睡的品质。一般来说，父亲比母亲更懂得网络游戏，应细心观察、及时发现孩子网络游戏成瘾迹象，第一时间采取措施将孩子拉回正道，起到保驾护航的作用。加强家庭成员之间的沟通和交流，定期组织家庭成员的活动，创设条件让孩子与亲友家中的同龄人交往。

家长和老师应鼓励孩子和品行良好的同学交往，借力助推，让孩子淡化网瘾，集中精力学习。

关键词 手机依赖

手背上的刀痕

·案例·

小玥最大的心愿就是得到一部智能手机。父母觉得女儿进入了一所初中名校，可以给予奖励，就满足了她的愿望，不曾想这却给全家带来了巨大的痛苦。

有了手机，在外上课后的联系方便了，闲暇时听听音乐也不错。但慢慢地，小玥对手机产生了依赖感。她用手机查阅难题答案、关心偶像动态、QQ 或微信聊天……除了上课，她好像一刻也离不开手机了。由于使用手机浪费了过多的时间精力，她的学业成绩直线下降，和父母的交流明显减少。父母下决心再也不让女儿使用手机了。

小玥对父母没收手机的举措大为恼火，初一寒假期间不是大哭大吵，就是沉默冷战，还把自己关在房间里，吃饭也不出来，最后闹到自残，用小刀割手背，慌得父母连夜把她送去医院。虽然没有大碍，却在手背上留下了难看的印迹。

·案例分析·

智能手机的娱乐、商务、新闻及各类便捷服务层出不穷，让人们和它的关系越来越密切，但同时也让人一不小心就患上了手机依赖症。

手机依赖症，是指对手机具有强烈的需求感和依赖感的心理和行为，主要有信息依赖、娱乐依赖和关系依赖，表现为：时刻离不开手机，有事没事、走路坐车甚至开车都看手机，一旦信号不好、无法连接服务器，手机没电、忘带或丢失，就出现焦虑、烦躁、抑郁等症状；被限制使用手机，便十分反感，内心备受煎熬。手机依赖症已成为一种新型心理疾病，有调查报告显示，有高达 12.4% 的人士每天使用手机的时间超过 6 小时，有近一半的人半夜 12 点还在使用手机。性格内向、缺乏自信的人是手机依赖症的高发人群；工作学习压力大的人，对手机的依赖性也相对较大。

父母给中学生配备智能手机，没有进行使用指导，也没有采取预防措施，就让孩子接触网络，等于给孩子打开了无时无刻、随时随地、各种各样的网络娱乐的大门，他们很容易被手机俘虏。小玥就是迷上了智能手机的种种新功能而沉迷其中，导致学习成绩急速下降。对“中小学生使用智能手机干什么”的调查结果显示，上网聊天、玩游戏的比例最高，这对孩子身心和学业十分不利。

小玥已是一名手机依赖症患者，家长采取没收手机这种简单的方法并不能真正解决问题。孩子对手机依赖的止步，需要家长和老师合情合理地引导，培养孩子的自律意识，改变其生活方式、价值观念和行为习惯，发挥手机的便利功效，防止手机的负面干扰，才能让孩子面对诱惑做出正确选择。

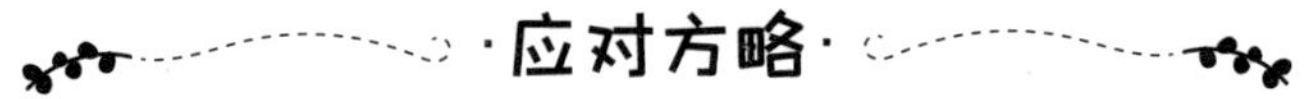

·应对方略·

一、给以警示，告知风险

父母把手机交给孩子的同时，必须告知其手机依赖症的危害。生理上，未成年人的耳朵和颅骨较小较薄，使用手机时，大脑吸收的辐射比成年人高得多。辐射还会对神经系统、眼睛和心脏造成损害。

心理上，过多使用手机除了减少学习动力、分散学习精力外，还造成交流能力的缺陷和人格社会性的退缩。罹患手机依赖症的人会出现情绪极端化及心理障碍。

所以，家长要引导孩子多在现实生活中与人积极交谈，自我约束，不过多使用手机。依赖手机说明孩子很无聊，没别的事可干，可以建议孩子多参加其他有益活动。

二、制定规则，监督实施

亲子共同制定手机使用的规则，父母密切配合、严格监督。比如：

（1）手机密码必须让父母知道。

（2）使用手机要注意场合，遵守礼仪。

（3）手机不能带到学校。如果是外出学习、活动，为了跟父母联系方便，可以另行考虑。

（4）在家学习时不用手机。规定每天使用手机的次数和时间，例如周一至周五晚上 7 点、双休日晚上 9 点以后，准时把手机交给父母。

（5）用手机上网只能浏览和搜索那些可以坦然与父母分享的信息。

（6）不必用手机拍摄太多照片与视频，没有必要把一切都记录下来。要用心体验生活，这些生活经历将会在记忆中永存。

（7）不要总盯着手机，抬起头来，留意周围发生的事情。看看窗外，听听鸟鸣，散散步，保持一颗好奇之心。

（8）注意眼睛休息，用完手机要洗脸洗手。

（9）如果产生手机依赖，把生活学习搞得一团糟，父母就要收回手机。

三、培养兴趣，转移注意

解决手机依赖症的关键在于找到生活重心，充实自己的生活。家长应引导孩子对手机进行明确定位，把手机当成一个工具，而不是精神依赖品；非学习时间有意识地不把手机拿在手中或放在衣袋里，听见手机铃音故意不打开看；能够不用手机完成的事情，尽量不用；做其他的事情转移自己的注意力，不时时刻刻把手机拿在手上、放在桌上；与朋友外出时不自顾自地玩手机，独自一人时，可以选择读书；多到户外去晒太阳或吹风，享受自然而不是手机。

聊天是群体的沟通，读书是人与内心的沟通。懂得沟通的人不会依赖手机。家长应培养孩子喜欢读书、乐于沟通的良好习惯。

四、合理疏导，冷静处理

对于已经出现手机依赖症的孩子，家长们往往煞费苦心，或围追堵截、严防死守，或动之以情、循循善诱……不管采取哪种管束手段，最重要的是要符合孩子不同年龄阶段的性格特点。对年幼的孩子，严防死守可能会取得立竿见影的效果；但对年龄大一些孩子就可能适得其反，加重其叛逆心理。教育专家认为："要减少手机上网的不良影响，'堵'是解决不了问题的。一般采取的是生活教育方式（即'疏'的方式），让家长陪着孩子一起使用手机上网，引导孩子正确、合理使用手机，教育孩子如何分辨不良信息。久而久之，在这种环境下，孩子自然可以形成健康上网的习惯。”

五、适当的防范技术

如果孩子的自控能力较差，家长在循循善诱进行教育的同时，可以考虑采取适当的防范措施，比如：

（1）删除手机中多余的应用程序。

（2）选择不会产生手机依赖的应用软件。

（3）必要的强制措施。如果孩子的手机依赖症很严重，就试着断网，给孩子换一个非智能手机，并及时求助心理医生对孩子进行心理疏导。

关键词 网上聊天

聊不完的QQ

·案例·

阿衡上初中后，为了方便学习，父母给他买了一台电脑，没想到他的成绩反而不断下滑，原来阿衡迷上了网络聊天。

晚饭后，阿衡回到房间不是马上做作业，而是打开电脑，和QQ群里的同学聊天。听着“滴滴滴”的声音，妈妈怒气冲冲地跑进阿衡的房间质问：“为什么不做作业？聊天能聊出高分数吗？”阿衡沉默不语，妈妈更来气：“我买电脑是让你上网聊天的吗？给你创造了这么好的条件，你怎么不珍惜？”“我的事不要你管！我就和同学聊聊天，怎么了？”阿衡大叫。

妈妈趁儿子去上学的时候，进入他的同学QQ群，发现里面竟充斥着许多大胆露骨的成人话语。妈妈惊呆了，打定主意：一定不能再让阿衡玩QQ了！

阿衡放学回来，妈妈宣布禁止他再上QQ，儿子咆哮抗议，她也不理。妈妈把台式电脑设置了密码，平板电脑、手机从此都随身带着。可阿衡却开始偷偷摸摸用各种方式在各种地方上QQ，反而变本加厉。

妈妈听从闺蜜的建议改变策略，和阿衡约好：在适当的时间内可以在家上一会QQ，但妈妈可以看聊天记录。一段时间之后，她发现自己上不去儿子的QQ了，原来阿衡改了QQ名和密码。

妈妈暴怒了，母子冲突不断。

最后，夫妻俩请来一位克服了聊天瘾的大学生，给阿衡谈自己的亲身经历："我读高中时对QQ聊天迷得不得了，放学回家总是聊QQ，学习也学不下去，心里老想着别人给我发信息了没有，忍不住了就打开QQ看看，发现谁不在线，我就主动叫他——我知道这样不好，但又老想聊。我原来成绩很好，聊天聊得高考考砸了，只上了大专。我现在非常后悔，一边工作一边自学，好累。QQ聊多了，只会让人越来越觉得空虚，越来越没有动力，真的没有什么聊头。

"你首先要明白学习才是最真实的东西，现在聊什么都是无用的。你如果成绩不好，升不了学，找不到工作，什么都不会，什么都没有，还有人跟你聊吗？聊天耽误了学习，就影响了你的一生，后悔都来不及的啊！爱聊天，三年、十年以后照样可以聊；可是学习耽误不得，时间不等人，你聊天耽误的时间不会回头，时间就是生命啊！沉迷聊天，浪费生命！

“一定要尽量克制自己，不要登录QQ就好了。把聊天的工夫用来看看书、多学点东西，充实自己。有心事或有问题要请教人，给知心朋友打个电话，三言两语就解决了；对于不是知己朋友的人再聊也是白聊。尤其是那些没见过面、不知根底的网友，说不定还骗你情感、骗你钱财，网上诈骗很多，你醒醒吧！”

阿衡深受震动，主动和父母签了一份QQ聊天协议，妈妈也改善了态度。经过一段时间后，他逐渐摆脱了瘾症，成绩慢慢回升。亲子摩擦减少了，家中恢复了欢乐。

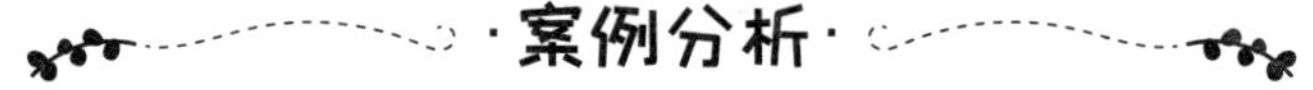

·案例分析·

初中生QQ或微信聊天成瘾已不罕见。有个中学生在网上呼救：“我迷上了QQ聊天，每次都是聊到夜里12点，欲罢不能。马上要考试了，我不想考砸啊！谁来救救我？”案例中阿衡的妈妈起先采取的是绝对禁止的手段，不但没能使孩子戒除聊天瘾症，反而使他抗拒与家长沟通，在网络聊天中越陷越深，等同于妈妈亲手把孩子推给了网络。

父母要知道，孩子沉迷于网络聊天，主要原因是渴望与人交流谈心却难以实现。青春期的孩子会遇到各种各样的问题和疑惑，希望得到解答和安慰，获得释放和快乐，但父母与孩子的谈话主题大多集中在学业上，话题单调，口气强势，忽略了生活、情感上的细节，也忽略了孩子的经历和感受。孩子在家得不到情感抚慰、心灵交流，而网络正好提供了社交平台，网上的同龄人、陌生人反而能满足他们的这种需求。

家长对孩子上网聊天不必如临大敌。孩子大了，可以拥有自己的空间和时间。毕竟他们上 QQ 或微信大多是与同学随意聊一聊，议论一下学校里的事和人，发泄一下自己的喜怒忧思。关键在于控制聊天时间、投入程度，避免成瘾；保证健康上网，不能涉及色情、暴力、赌博和反社会等内容。

简单的堵、禁不解决问题，只能以疏导为主，以奖惩为辅。父母请来一位克服了聊天成瘾的大学生现身说法，起到了很好的疏导作用，比强行禁止或空洞说教效果强多了。在阿衡自愿的基础上，亲子签订了 QQ 聊天协议，制定了规则和奖惩办法，帮助阿衡逐渐摆脱 QQ 聊天瘾症。这是成功经验。

·应对方略·

一、多进行面对面的亲子聊天

父母若想孩子不致网聊成瘾，就要学会与孩子进行面对面的谈心交流，以亲子聊天取代网络聊天。亲子聊天是双向互动的，父母不要一开始就过分强调自己的立场和观点，要尊重孩子的不同想法，多倾听孩子，理解他们，由情入理，启发他们自己领悟正确的行为方式。

父母要改变谈话方式，转变言语模式，用词、口气从消极倾向改为积极倾向，让孩子不产生排斥感和逆反感。

如果孩子不敢或不愿与父母面对面交流，父母也可以用QQ、微信、短信聊天，或选择写信、留字条、请人转告等孩子能接受的方式，做他“不见面”的朋友。慢慢地，孩子就会敞开心扉，与父母进行面对面的亲密聊天了。

二、让孩子认识网上聊天的利弊

1. 利

同学之间学习之余上网聊天，可以请对方指点学习上的疑难问题；可以相互倾诉烦恼，缓解内心压力，宣泄不良情绪，有利于身心健康；能交流一些不便当众公开说的话题，消除面对面的尴尬，解开心结。

2. 弊

同学之间有点小矛盾就在网上破口大骂，或议论他人、传话挑事，损害他人名誉；热衷网聊会影响学业，容易发生网恋，越陷越深；与网友约会见面可能遭遇意外或不测，最需警惕的是结识“问题网友”，接触不良信息，受到消极影响；有些不法分子在QQ或微信上传播色情、暴力信息，骗人钱财，他们把涉世不深的学生作为最佳诈骗对象。随着上网时间的增加，智力发展受到影响，最终会聊天成瘾，患网络交际成瘾症。

三、亲子商定合理的时间安排

1. 控制时间

每周聊天最多3～4次，每次20～30分钟。必须按时作息，睡前不聊天。

2. 明确聊天的对象和目标

谨慎选择聊天的同学或网友，必须是对自己友好的、有帮助的人。要明确自己通过聊天要表达什么、需要什么、希望得到什么帮助，或者能帮助别人什么。

3. 注意网聊的内容和语言

网上聊天也应像面对面聊天一样，彼此尊重、文明交流，注意语气、用语，不能粗俗骂战。内容应具有正能量，有的放矢，真正达到交流与分享的目的。不要涉及自己年龄不适宜的内容。

4．与陌生人聊天时一定要注意网络安全

不能泄露个人和家庭的隐私，包括父母的职业职务、工作单位、工资收入，尤其是存款银行及账号密码，以及家庭成员的出生日期、家庭地址、手机电话、作息规律等。

四、签订聊天协议

例如：

甲方（孩子），乙方（母亲），公证人（父亲）

（1）每天在做完作业后，才能上 QQ 或微信，总计不超过 20 分钟，周末可增加到 40 分钟以内。

（2）聊天对象限于同学群，内容不涉黄、涉暴。

（3）在正常情况下，尊重孩子的私人空间，但母亲作为监护人有权查看聊天记录。

（4）孩子如有聊天成瘾现象，应接受家长帮助，纠正瘾症。

（5）公证人负责监督甲乙双方遵守协议，合理使用奖惩措施。

关键词 音乐成瘾性行为

做作业时也听歌

·案例·

小辰到了初二突然从一个五音不全的“音盲”成了流行音乐的发烧友，连做作业时也戴着耳机听音乐，一副颓废无聊的样子让家长忍无可忍。父母藏起小辰的手机，他就自己买。家长越反对，他越狂热，白天不敢，晚上偷听，影响睡眠，成绩大幅度下滑。

各种流行音乐使小辰疯狂，使父母崩溃。妈妈反思之后改变战术，搜索各大流行音乐排行榜，努力寻找和儿子的共同语言。尽量避免和他发生正面冲突，跟他约法三章，每天给他一段时间可以光明正大地听音乐，使“地下行为”合法化又有合理限制。渐渐地，小辰的精力又重新回到学习上来了。

·案例分析·

案例中的手机只是亲子冲突的一根导火线，表现出来的是孩子的青春期叛逆和电子产品成瘾、音乐成瘾的行为。遭到妈妈的反对，小辰竟然自己购买手机也要听歌。妈妈终于意识到这种情况宜疏不宜堵，变强行制止为沟通协商；寻找和孩子有共同兴趣的话题，尊重他的爱好，给孩子一定的空间和时间。小辰听音乐的权利得到保障，合理需求、正当爱好得到满足，他心平气和了，也保证不耽误学习，这一风波总算皆大欢喜地平息了。

生活中有些青少年学习、走路、坐车都戴着耳机，跟他说话，他一脸茫然。对父母的劝阻，孩子辩称边听音乐边学习能提高学习效率。其实相反。他们爱听的流行音乐节奏快，会打乱思维节奏，久听就会导致大脑疲劳；歌词煽情暧昧或故弄玄虚，孩子会不由自主地被吸引，分散注意力，干扰学习，降低效率。特别是配有各种打击乐器的摇滚音乐，以及夹杂枪炮爆炸声的音乐，这些不亚于工业生产中的噪声，更易损伤听力。

离不开耳机和流行音乐，可能是音乐成瘾性行为。除了对某种物质（例如毒品、烟草）的依赖之外，“成瘾性行为”泛指各种生理需要以外的、超乎寻常的嗜好。幸亏小辰的音乐成瘾性行为延续时间还不太长，经过妈妈的干预疏导、双方的协商约定、自己的努力控制，小辰终于把对音乐的爱好限制在合理范围内，重新把主要精力放在学习上。

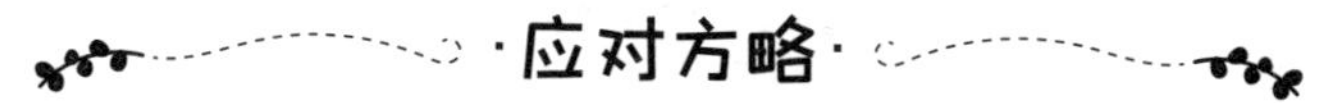

·应对方略·

一、警惕不当使用耳机的危害

耳机，不论是头戴式或入耳式，都紧贴或塞入耳朵、接近脑部，近距离地对耳膜和听力造成影响，容易造成耳神经和脑神经细胞损伤。人戴上耳机后，高音量的音频声压直接进入耳内，集中传递到很薄的耳膜上；耳机振动膜和耳膜距离很近，声波传播范围小而集中，对耳膜听觉神经刺激很大，会引起耳鸣、耳闷胀、渐进性听力减退。

英国听力研究机构对1000名耳机常用者进行调查，结果显示超过三分之一的人有耳鸣、听力受损的情况。跟踪研究发现，如果长期每天连续使用耳机超过2小时，会提早20年患老年性耳聋。

当音量超过85分贝时，时间一长就会出现听觉疲劳；如果声音大于100分贝，可能造成不可恢复性听力损伤；大于110分贝，足以使内耳毛细胞死亡，严重时可致永久丧失听力。耳机的音量输出一般在84分贝左右，有些高频范围可达 120 分贝。尤其是入耳式耳机，完全阻塞耳道，形成一个相对密闭的腔室，引起共鸣的声波频率提升到 4000 ~ 5000 赫兹，而恰恰是这一波段对听力损伤最大。孩子觉得头或耳朵不舒服，不知道是因为戴耳机听音乐的缘故，以为是学习累了，于是调高音量，延长时间，想用音乐缓解“学习疲劳”，这无异于饮鸩止渴。

常戴耳机还会引起一些全身性身体不适，例如头昏脑涨、恶心，注意力不集中、思维反应慢、记忆减退，烦躁不安、缺乏耐心等。睡前听音乐或玩手机，会导致进入深睡期缓慢，深睡持续时间缩短，睡眠不好，影响次日上课。同时造成情绪异常敏感、焦虑、容易波动的现象，有些人甚至会患上轻度神经衰弱。

中学生使用耳机普遍存在长时、连续、高音量以及在感冒、运动等特殊情况下使用的问题。耳机对听力的伤害是渐进式的、不知不觉的。由于首先出现的是高频听力下降，日常说话的语言频率尚未受影响，主观上感觉不到听力异常，所以早期的听力损伤很难被及时发现，孩子们未加警觉，也不及时告知家长。只有当听力损失向低频延伸，语言频率损失到一定程度后，才会主观感觉到听力障碍，语音交流和社会活动受到影响。等到父母发觉孩子听力下降时，大多情况是孩子已接近耳聋，很难治愈，听力受损是永久性、不可逆的。

耳机使用不当，会毁掉听力。家长在看到孩子用耳机听音乐时，要向孩子说明危害，并注意监控。

值得注意的是，质量差的耳机不能有效屏蔽噪声，使用者会无意中调高音量，因而对听力造成更大影响。

二、教会孩子正确使用耳机

（1）不用入耳式耳塞。耳机听力安全指数由高到低的排列是：音箱→头戴式耳机→普通耳塞→耳挂→入耳式耳塞。

（2）买好的耳机。挑选质量好、噪声少的耳机。质好价必高，但孩子的听力是无价的。

（3）限制使用时间和音量。使用耳机每次不超过 30 分钟，每天不超过 3 小时。学英语或听音乐时，把声音调至 40 ～ 60 分贝。

（4）防止意外。骑车、乘车、走路时，不戴耳机。

（5）耳朵保健。常做耳保健操，如拉耳垂、轻抚耳外骨。家中说话、看电视、玩手机时，音量不要太大。

（6）饮食保健。平时多吃蔬菜水果等。

（7）及时就医。如果孩子耳部出现不适，立刻去医院，切勿错过最佳治疗时间。

三、广泛发展音乐爱好

喜欢音乐是件好事。孩子既然喜欢听音乐，父母就应顺水推舟、因势利导，鼓励他课余学乐器、学声乐，懂得欣赏音乐，了解古今中外音乐家的生平和作品；带他观看音乐演出，亲身参加学校、社区和广播电视台举办的音乐活动——让孩子摆脱用电子产品听音乐的单一渠道。